The
Epistle
to the
Romans

성경과 영어를 동시에

로마서
영어로
통째 외우기

The
Epistle
to the Romans

성경과 영어를 동시에

30일 만에

로마서 영어로 통째 외우기

| 김다윗 지음 |

살림

하나님께 모든 영광을 드린다.

그리고 나는 나의 신앙의 선배, 모세와 바울에게

이 책을 바친다.

그들은 놀라운 헌신과 하나님 말씀에 대한

특별한 열정의 삶으로

한없이 부족한 나를 깨워 주었다.

길을 잘못 들면 그 길의 끝에 도달할 수 없다

언어는 학문이 아니다. 그것은 기능이다.
그리고 신앙은 관념이 아니다. 그것은 생명 바쳐 살아야 할 사명이다.

6

초등학교 때부터 대학까지 영어를 배우고 배워도 영어로 속 시원히 말하지 못하는 것은 영어를 학문의 영역으로 보고 그것을 연구하기 때문이다. 자동차를 뜯어서 보고 연구한다고 해도 운전을 잘하는 것은 아니다. 자동차의 구조에 대해 아는 바가 없어도 운전만 잘하는 현대인들처럼 언어의 영역은 운전과 마찬가지로 그것은 기능이다.

하나님에 대해 연구한다고, 신학대학을 다닌다고 심지어 교회에 출석한다고 그 신앙이 깊어지는 것은 아니다. 믿음은 이론이 아니라 하나님의 말씀에 대한 실천이다. 하나님의 명령에 대해 생명 바쳐 살아가는 것이 믿음이며 신앙이다.

공산주의자들은 암송의 위력을 일찍이 신뢰했다. 그들은 그들의 강령과 공유해야 할 가치들을 소책자로 만들어 그들의 추종자들로 하여금 읽게 하고 외우게 했다. 한 가지 사실을 함께 외우면 그들은 하나가 된다는 것을 터득했다. 말도 안 되는 것일지라도 외우게 되면 모두는 그것에 동화된다.

지난 역사 가운데 독재자들은 그것을 활용하여 노래를 만들어 부르게 하고 그들의 주장을 백성들로 하여금 외우게 했다. 사람들은 자신의 의지로 무언가를 외우지만 외우고 나면 그것들이 그들의 의지를 다스리게 된다는 것을 잘 모른다. 자신이 외워서 부르는 노래가 자신에게 영향을 주어 자신을 기쁘게도 슬프게도 그리고 그 삶에 영향을 끼치게도 한다.

그래서 나는 내 아이들에게 성경을 외우게 했다.

성경은 하나님의 감동으로 된 것으로 교훈과 책망과 바르게 함과 의로 교육하기에 유익한(디모데후서 3장 16절) 하나님의 책이다. 그 책을 입에서 떠나지 않게 날마다 읽고 외우고 그것을 주야로 읊조리며 그 말씀을 순종하며 살아가는 사람은 어디로 가든지 그 길이 평탄하며 무엇을 하든지 형통하게 된다(여호수아 1장 8절).

7

나는 이 로마서의 말씀을 날마다 읽고 외우며 그 외운 말씀을 아침저녁으로 읊조리며 그 말씀대로 살아가는 이 땅의 사람들이 복 받을 것을 확신한다. 그리고 영어도 자신의 의지대로 유창히 말할 것을 믿는다.

나는 신학자도 언어학자도 아니다. 나는 단지 하나님을 사랑하며 그분의 말씀이 진리인 것을 믿으며 그 말씀대로 살아가기를 최선을 다하고 그 하나님의 말씀을 전하는 설교자다.

나는 믿는다.
믿음은 고백하는 대로 사는 것이라고 말이다.

주후 2007년 성탄절을 앞두며 마닐라에서.
그의 종 김 다윗

CONTENT

PART 2 로마서 영어로 상세히 외우기

PART 3 로마서 영어로 통째 외우기

PART 1

누구나 로마서를
영어로 외울 수 있다

1장 사도 바울로가 전하는 편지

뜬금없이 나는 모세를 이야기한다

그는 시작부터 달랐다. 자신은 살겠다고 자신의 몸에서 갓 빠져나온 아이를 나일 강으로 던지던 시대의 그 어머니들과는 달리 그는 용기와 믿음 있는 어머니의 태중에서 아홉 달을 살았다.

누구나 다 고귀하고 가치 있는 존재이지만 자신을 지키지 못하면 그것은 유통기한을 넘긴 상품들처럼 쓸모없는 존재로 전락된다.

하나님은 그가 사용할 자들을 미리 지키시고 복 주시는 것이 아니라 자신을 세상에서 지키고 준비하는 자들을 그의 그릇으로 사용하신다.

말씀을 위해 쓰임 받은 사람

여든부터 일백 스무 살까지의 하나님과 함께했던 모세의 사십 년은 이 인류에게 복 주시기 위해 그를 사용하신 그에겐 너무나도 감사한 축복의 세월이었다. 그것은 모세 자신에게뿐만 아이라 온 인류를 향한 하나님의 놀라운 축복이었다. 비록 모세는 완악한 백성들로 인해 수고로운 세월을 보냈지만 어찌 하나님의 손에 붙들린 거장에게 그 사소한 일들이 불평할 거리나 되겠는가.

홍해 해변에서 요르단 강둑까지의 그의 사십 년은 하나님이 그의 백성들에게 복 주시기 위해서 내리신 그 말씀을 받아 전하는 세월이었다.

율법은 축복을 위해 존재한다

하나님은 자신의 고상한 취미를 즐기기 위해, 혹은 자신의 까다로운 성미 때문에 그 백성들을 자신의 말씀을 순종하는가를 시험하시는 분이 아니다.

'이런 이런 일들은 하지 마라. 나는 그러한 것이 딱 질색이다. 힘들지만 나를 위해 최소한 그런 일들은 준수해라. 그것이 서로를 위해 좋은 일이다.' 등의 말씀으로 그의 기득권을 세우시려는 분은 우리의 하나님이 아니다.

하나님은 우리를 사랑하시기 때문에 우리를 창조하셨고 우리를 복 주시기 위해 세상을 만드셨다.

에덴동산 중앙의 '선과 악을 알게 하는 지식의 나무'도 우리를 시험(temptation)하시기 위해서가 아니라 우리를 시험(test)하시기 위해서 만드셨다. 그는 우리를 빠뜨리려 하신 것이 아니라 우리를 복 주시기 위해 너무나도 쉽고 간단한 시험지를 우리에게 주신 것이다. 악인들은 스스로가 악하기에 하나님의 선의를 악의로 받아들여 그 시험(test)을 시험(temptation)이라 했다.

더 전해줄 말씀이 없어 그를 불러 가셨다

느보산에 올라 모세는 그 백성들이 차지하게 될 약속의 땅을 바라보고 숨을 거두었다. 사명이 다해 그는 이 땅을 떠나게 되었다. 그의 백성들에게 전해주시는 하나님의 말씀 책 다섯 권을 남겨두고 그는 하늘나라로 갔다. 그 놀라운 축복들―정확하게 말하면 그것들은 지키면 복 받는 것이다―을 그의 후손들에게 물려주고 그는 그가 가장 사랑하던 하나님께로 간 것이다. 그는 하나님을 대면하며 교제했고 그 하나님의 입에서 떨어진 말씀을 이스라엘에게 전해준, 그는 놀라운 하나님의 사람이었다. 아니 그는 사람 가운데서는 하나님과 같은 존재였다.

그의 나이 여든에 하나님께서 그를 시나이 산에서 부르실 적에 "내가 반드시 너와 함께 있으리라(출애굽기 3:12)" 하셨던 말씀은 '내가 너를 이 땅에서 하나님처럼 되게 하겠다(출애굽기 4:16)' 는 뜻이었다고 나는 믿는다.

그가 있었기에 여호수아가 있었다

여호와께서 여호수아에게 "이 율법 책(모세 오경)을 네 입에서 떠나지 말게 하며 그것을 주야로 묵상하여 그 가운데 기록한 대로 다 지켜 행하라. 그리하면 네 길이 평탄할 것이라. 네가 형통하리라(여호수아 1:8)"고 말씀하신 것도 그 말씀(율법)을 전해다 준 선대의 모세가 있었기에 가능한 것이었다.

16

홍해와 요르단 강 사이

홍해는 아무나 건넌다. 그것은 누구나 다 예수를 믿을 수 있는 것과 같다. 이스라엘 사람들뿐만 아니라 수많은 잡족들이 함께 그 바다를 건넜다(출애굽기 12:38). 뿐만 아니라 그들은 그들이 원하는 모든 것을 가진 채 그 바다를 통과했다. 심지어 그들은 채 발효되지 않은 떡 반죽을 어깨에 메기도 했고(출애굽기 12:34) 이집트 사람들에게서 얻은 은금 패물과 의복도 소지하고 있었다(출애굽기 12:35-36).

하지만 홍해를 건너는 일은 장차 이룰 큰일의 시작에 불과하다. 세속의 왕을 피해 이집트를 떠난 것은 사실이지만 영원한 왕의 나라에 이르는 일은 아직 멀고 멀었다.

아무도 다시 그 바다를 되 건너지 못한다

아이와 여인들을 빼고도 육십만 명이나 되었던 그 무리 중 단 한 명도 그들이 한 번 건넌 그 홍해를 다시 건너지 못한다. 그 바다를 그들은 다시는 건너지 못한다. 그리고 건너서도 아니 된다. 그들은 단지 앞으로만 나아가 또 하나의 강 요르단을 건너야 한다.

하지만 그 강은 아무나 건너지 못한다.

그 강은 홍해와는 다르다. 불행을 앞당겨 말할 필요는 없지만 그들 육십만 명 중 단 두 사람을 제외하곤 아무도 그 요르단을 건너지 못한다.

누가 그 강을 건너는가

홍해를 건넌 그들이 요르단 강변에 도착하기까지 마흔 해의 세월이 흘렀다. 그것은 그 세월의 길이가 중요함을 뜻하는 것이 아니다. 그 사십 년 동안 그들의 광야가 어떠했는지를 말해주는 대목이다.

그들은 자주 한계상황에 도달했고 그들의 하나님은 그럴 때마다 그만의 능력으로 기적을 베푸시고 '너희들이 섬길 하나님은 야훼뿐'이라고 늘 알려주셨다. 그들은 그 하나님의 광야에서 하나님만 섬기고 복종해야만 했다. 그것은 한 남편의 아내 되는 일이 그리 복잡하지도 그리 쉽지도 않은 일인 것처럼, 한 아내의 남편 되는 일이 그리 특별하지도 그렇다고 누워서 떡을 먹는 것처럼 그리 간단한 일도 아님과 같이 그들은 하나님의 백성으로 특별한 하나님께만 행해야 될 일이 그 광야엔 있었다.

그것은 다름 아닌 그 광야에서 모세를 통해 내리신 그 말씀을 순종하는 일이었다. 그들은 그 벌판에서 내리는 만나를 입에 넣으면서 그 만나의 하나님을 사랑할 뿐 아니라 그를 순종해야 했다. 그들은 쓰러지기 직전에 터진 바위틈의 생수로 목을 축이며 그 광야의 하나님을 사랑할 뿐만 아니라 그만을 경배해야만 했다.

광야의 패스워드 – 그 말씀에 대한 순종

위대한 지도자의 서거 후 그들은 삼십 일을 울었다. 그들에게 하나님의 말씀을 전해준 모세를 잊기 위해 그 백성은 서른 날을 꼬박 울었고 하나님은 그들 앞에 새로운 지도자 여호수아를 세워주셨다. 그는 모세와 함께 홍해를 건넜고 하나님 앞에 꿇어 엎드린 모세를 가장 가까이서 지켜본 장본인이었다.

그를 당신의 앞에 세우신 하나님의 명령은 너무나도 간단명료했다.

18

내말을 지키면 복 주리라

내 말을 읽고 외우고 그것을 주야로 읊조리고 그 말씀대로 순종하면 너의 길을 평탄케 하리라. 너를 형통한 자가 되게 하리라였다.

사흘 안에 너희가 이 요르단을 건너리라(여호수아 1:11)

진리는 간단한 것이다. 그것은 알기 전에는 지평선처럼 멀고 까마득한 것이지만 그것을 알고 나면 손안에 있는 지팡이를 다루듯 간단한 일이 된다. 끝날 것 같지 않은 사십 년의 세월이 사흘 안으로 다가오는 순간이 바로 이 진리를 깨닫는 때에 온다.

그들은 이제 순종하는 사람이 된다

성경 어디를 보더라도 축복의 순간에는 항상 그전의 위대한 순종이 있었다. 아들을 데리고 모리아산에 올랐던 아브라함의 순종도, 바로 그 산골자기로 십자가를 지고 올랐던 그리스도의 순종도 다 놀라운 축복을 예약한 거룩한 행동이었다.

홍해를 건넌 그 밤의 역사를 어른들로부터 들었던 여호수아의 육십만 장정은 이제 그 위대한 순종의 결심으로 요르단을 건넌다. 하나님의 법궤(말씀)를 앞세운 그들 앞에 그 기적의 강은 열렸다.

하나님의 입에서 나온 말씀으로만 살기로 결심한 그들은 그 하나님의 말씀에 순종하여 적들이 내려다보는 적의 앞마당에서 할례를 행해 누워있기도 하고 그 막중한 여리고성을 단지 하루에 한 번 도는 발품으로 칠 일만에 무너뜨린다.

아! 요르단 강

이천 년 전 한 사내가 요르단 강변을 서성이고 있었다. 그의 이름은 요한이었다. 요르단 계곡은 해발 61미터 아래에 위치해 있는 지상의 가장 낮은 곳이다. 그는 자신의 민족이 최저의 지점에 도달해 있던 그때, 그 땅에 임할 하나님 나라를 기다리며 그 민족을 이 요르단 강으로 끌어들이고 있었다. 요한은 그 오랜 옛날 여호수아의 사람들이 요르단 강을 통과한 후에 약속의 땅으로 들어간 것을 기억하고 새 역사의 주인인 예수―그는 여호수아와 이름이 똑같다―의 사람들을 그 요르단의 물로 씻었다. '세례' 라는 그리스 어 'baptizo' 는 '빠뜨리다', '담그다' 라는 의미를 갖고 있다. 세례는 그리스도와 하나 되어 연합되기 위해 불순종의 죄를 씻고 다시 태어나는 행위이다. 그 연합은 말씀이신 그(요한복음 1:1)를 받아들이고 그의 말씀대로 살 것을 결정하는 일이다.

요르단 강에서 다시 시작해야 한다

요르단 강을 지나지 않으면 가나안으로 들어갈 수 없다. 그 물에 들어갔
다 나오지 않으면 그리스도의 사람이 될 수가 없다. 홍해를 건너왔어도 요
르단 강을 통과하지 않으면 약속의 땅엘 들어갈 수 없다. 세상을 떠나왔어
도 하나님의 말씀(읽고 외우고 읊조리며 순종하지 않으면)으로 새롭게 되
지 못하면 하나님 나라의 사람이 될 수 없다. 우리는 요르단 강에서 다시
시작해야 한다.

우리 가족이 시작한 말씀 운동

그것은 단지 하나님의 말씀을 날마다 읽고 외우고 외운 말씀을 읊조리
고 그 말씀을 따라 사는 것이었다. 우린 아프리카에서 그 일을 시작했다.
그것을 우리는 선교지에서 해야 하는 사역보다 더 우선했다. 그 말씀이 아
프리카를 사는 우리의 미션이었다. 그곳에 학교가 없어 우리 아이들은 학
업을 중단했지만 하나님의 말씀을 들던 우리의 손은 놓지 않았다. 로마서
가 그리 쉬운 책은 아니었지만 우리 아이들은 그 아프리카 땅에서 로마서
를 우리말로 다 외웠다. 우리는 그 사역을 바이칼 호수가 있던 시베리아에
서도 계속했다. 너무 많은 눈이 매일 내려 밖엘 나갈 수 없을 때 우리는 마
주보며 그 말씀을 읽고 외우고 노래했다. 알코올 중독자가 그리도 많고 깨
어지는 가장이 셀 수도 없이 많던 그 땅에서 우리 아이들은 영어로 마가복
음을 외웠다.

그 후 우리는 오랜만에 사람이 살 만한 땅이라고 여겨지는 곳, 싱가포르

에서 생활하게 되었지만 우리는 학교를 거부하고 신학교 도서관에서 행복하게 매일 성경을 읽고 외우고 읊조렸다.

그 후에 돌아온 조국에서의 삶은 너무나도 고달팠다. 너무 가난했고 여름엔 너무 덥고 겨울엔 너무 추웠다. 우리는 바닷가 오두막에 살았던 그때에 가장 열심히 성경을 읽고 외우고 읊조리고 그분의 말씀을 따라 항상 예배했다.

말씀을 따라 주신 축복들

하나님은 그를 사랑하는 사람을 축복하시는 것이 아니라 그분의 말씀을 따라 순종하는 사람을 복 주신다. 사람들은 간혹 착각을 한다. 자신이 하나님에게 특별한 존재라고 말이다. 하나님에게 원칙을 벗어난 편애는 없다. 하나님의 말씀을 따라 사는 사람들이 하나님에게 항상 특별한 존재들이다. 그래서 아브라함이 하나님께 특별했고 노아가 그러했다. 뿐만 아니라 모세를 그분은 친구 대하듯 하셨다(출애굽기 33:11).

우리 가족이 그분을 섬긴 것은 미약했지만 하나님은 우리를 선대하셨다. 나는 그 이유를 이 땅엔 전날처럼 하나님으로 기뻐하고 그분의 말씀을 듣는 것만으로도 황송해서 그분의 말씀이 미처 땅에 떨어지지도 전에 그 말씀을 순종했던 하나님의 사람들이 희귀해서라고 생각한다. 그러기에 하나님은 우리 가족의 작은 충성을 기뻐하셔서 많은 복을 내리셨다. 지난해만 해도 포항의 바닷가 작은 오두막에서 말씀을 외우던 우리는 이제 곧 부흥의 불길이 닥칠―나는 분명 그렇게 생각 한다―필리핀의 마닐라에서 그 예배를 계속하고 있다. 그러면서 전 세계를 다니면서 말씀을 전하고 하나님의 나라는 그 말씀을 읽고 외우고 그 외운 말씀을 읊조리며 그대로 살아가는 사람들을 통해 이 땅에 임하시는 것을 외치며 다닌다. 어려서부터 하나님의 말씀을 읊조렸던 초등학교도 졸업하지 못한 나의 십대의 아이들은 이제 아빠와 함께 세계를 누비는 말씀의 사역자가 되었고 영어를 배울 기회가 없었지만 영어로 말씀을 외우던 그 아이들은 이제 한국어로 하는 아빠의 설교를 영어로 통역한다. 아직은 어린 그 나머지 아이들도 학교는 가지 않지만 날마다 하나님의 말씀을 읽고 외우고 읊조리며 날마다 그 하나님을 예배한다. 이제 우리 가정에 하나님께서 보내시는 일곱 번째의 아기가 곧 태어날 것인데 우리는 모두 이 땅에 임하실 하나님의 나라를 기다리며 서 있다. 우리는 이제 전날처럼 더 이상 가난하지 않고 또 나약하지 않으며 그리고 무능하지도 않다. 우리는 더 크고 놀랍게 쏟아질 하나님의 복을 생각하며 전 세계를 우리의 앞마당으로 생각한다.

세상이 감당치 못하는 사람!

그것이 우리를 설명하는 수식어가 되기를 나는 기대한다.

신약의 모세 - 그는 바울이었다

모세처럼 그도 그의 조국이 빼앗긴 식민시대에 태어났다. 모세처럼 그도 인생의 초반을 세상의 학문과 지식을 배우느라 보냈고 그의 철학과 신앙적 소신을 위해 자신의 힘을 사용하여 사람을 죽이기도 했다. 하지만 그 인생의 한계상황에 도달해 모세가 미디안 광야에서 오랜 세월을 보낸 것처럼 그도 아라비아광야에서 세월을 보내며 하나님을 더욱 더 깊이 알아갔다.

그는 동족을 사랑하는 열정에도 모세와 흡사했다.

"내 동족의 죄를 사하여 주옵소서. 그렇지 아니하시오면 주께서 기록하신 책에서 내 이름을 지워버려 주옵소서(출애굽기 32:32)"라고 모세가 간구했던 것처럼 그도 "나의 형제 곧 골육의 친척을 위하여 내 자신이 저주를 받아 그리스도에게서 끊어질지라도 원하는 바로다(로마서 9:3)"고 고백했다. 그 모세는 구약의 다섯 권의 책을 기록했고 그 바울은 신약성서의 열세 권 이상을 기록했다. 모세의 오경이 구약의 뿌리인 것 같이 바울의 서신은 기독 사상의 핵심을 이루고 있다. 그의 서신 가운데서도 로마서는 신약의 가장 빛나는 부분을 차지하고 있다.

바울의 로마서

오늘날의 사람들이 그의 로마서를 이해하지 않고 예수를 따르는 것은 사랑도 안 해본 사람이 연가(戀歌)를 부르는 것과 같다. 그 로마서의 사상을 깊이 모른 채 그리스도께 헌신하는 사람은 부실한 기초 위에 집을 세우는 사람과 다르지 않다. 로마서는 기독교라는 한 종교의 교리를 설명한 책도 아니고 바울이란 한 학자의 신학 논문도 아니다. 그 책 속에는 그리스도를 사랑했던 한 인간의 막지 못할 열정이 가득하고 하나님을 사랑했던 하나님의 사람의 하나님의 사람들에 대한 뜨거운 사랑이 배어 있다. 그의 로마서를 파고들면 들수록 그 책이 사울이었다가 바울로 개명한 한 인간의 책이 아니라 그를 택하시고 사도로 부르신 하나님의 놀라운 경륜과 섭리가 가득 차 있는 그분의 위대함을 느끼게 되고 그 전능자 하나님을 따르는 사람들이 그들의 시대에 얼마나 위대한 사람들인가를 알게 해준다. 그리고 그 로마서를 사랑하는 이 시대의 하나님의 사람들이 그 하나님의 계획과 결코 무관하지 않음을 깨닫게 된다.

2장 로마서와 함께 떠나는 여행

30일간 로마서의 꿈!

우리 가족은 어떠한 경우에도 말씀과 함께하는 삶을 살기로 결정했다. 그것은 우리의 환경이 어떠하냐는 것과는 아무런 관계가 없다. 가난한 사람도 밥은 먹어야 하고 병든 사람도 숨은 쉬어야 하듯이 우리는 어떠한 환경 가운데서라도 그 말씀을 놓지 않았다. 십대의 아이들인 필립과 다니엘은 물론이고 아홉 살인 아나스타시아도 아직 한글과 영어의 알파벳도 모르는 아프리카에서 태어난 여섯 살의 다윗도 마가복음을 줄줄 외운다. 네 살박이 마리아와 그 아래 에클레시아도 엄마가 외우는 성경을 따라서 읽고 곧 태어날 아기도 태중에서의 아홉 달을 엄마가 읽어주는 성경을 들으며 자랐다.

나는 이 책을 집필하며 필립과 다니엘에게 얼마 만에 로마서를 영어로 다 외울 수 있는지를 시도해볼 것을 제안했다. 그들은 날마다 로마서를 읽고 외우기를 시작했고 나는 날마다 이 책을 써내려갔다. 나는 하루에 다섯 시간 정도씩 이 책을 썼고 그들은 로마서를 하루에 한 두 시간씩을 읽고 외웠다. 그런데 그들은 로마서를 다 외우는데 30일이 걸렸고 나는 이 책을 다 쓰는데 두 달이 소요됐다.

우리에게 한계는 없다

마가복음(678절)과 로마서(433절)를 다 외운 필립과 다니엘은 이제 내년

크리스마스 때까지 약 15개월 동안 신약 성경(7957절)을 다 외우기를 작정하고 그 일을 시작했다.

영어를 죽어라 공부해도 영어로 복음 한마디 전하지 못하는 어리석은 공부를 우리는 버렸다. 필립과 다니엘은 영어 설교를 통역할 뿐만 아니라 영어로 복음을 전하기도 한다. 지식은 있어도 능력이 없는 세상의 학문은 혹시 다음에 시간이 나면 하기로 하고 우리는 그분을 알아가는 일에 먼저 우리의 삶을 드리기로 했다.

말씀을 위해 살기로 작정한 나의 아이들

하나님의 말씀을 사랑하여 그 말씀을 전하는 설교자로 이 땅을 살기로 작정한 필립과 다니엘은 이 세상의 학교와 신학교엘 가기를 포기 했다. 설교자가 되는 것은 의사나 교사처럼 어떤 '라이선스' 가 필요한 것이 아닐진대 그들은 '하나님의 말씀이 임해' '하나님의 사람' 이 되는 것을 알아 세상이 주는 보장과 세상이 부어주는 명예 대신 '하나님의 기름 부으심' 을 갈망하며 그 자리에 서 있기로 작정했다. 세례요한처럼 '광야에 서서 외치는 자' 가 되는 것을 영예롭게 여기며 그들은 그렇게 주님의 음성을 따라가며 그분의 음성을 기다리며 살기로 기쁨으로 결정했다.

하나님의 말씀을 사랑하여 설교자가 된 이들 가운데서 그들이 받은 박사학위 마저도 하나님을 위한 것이었으며 그 학위가 하나님의 말씀을 전하는 데 얼마나 큰 도움이 되었는지 난 묻고 싶을 때가 있다. 그리고 그 학위로 인해 받았던 경제적인 이득과 명예 그리고 심리적인 만족감을 주께 돌려드렸는지를 물어보고 싶다. 진짜가 부주의함으로 인해 가짜로 변하는 예는 있지만 가짜는 언제라도 진짜가 되지 않는다.

지금 떠오르는 한 단어가 있다. Purity!

바울의 로마서에는 그의 로마가 있었다

고난으로 점철되었던 그의 선교 여행에서도 항상 그는 그가 다 달아야 할 로마를 기억하고 있었다(사도행전 19:21, 23:11). 그가 결코 포기하지 않았던 그 땅에서 죽기까지 그에게는 주님을 향한 충성이 있었다.

당신에게도 당신의 로마가 있다면 당신은 이제 그 로마가 있는 로마서로 들어갈 수 있다. 영어를 잘하기 위해서나 설교를 잘하기 위해서가 아니라—이런 얘기하는 것은 정말 싫지만 영어와 나머지는 하나님의 사람들에게 자연히 따라오는 것이다—그분이 당신의 진정한 소망이라면 당신의 삶을 가로막을 사람은 이 땅엔 아무도 없다.

이제 로마서와 함께하는 지상 최고의 여행으로 달려가자.

먼저 감사한 마음을 가지고 이 여행에 함께 오르자.

위대한 하나님의 말씀을 따라가는 동안 자신의 눈앞에 펼쳐지는 위대한 말씀을 입술에 닿게 하고 그것을 가슴에 새기며 기관차가 철로를 따라서 달리듯 그 말씀 위에 서서 위대한 삶을 달려가자.

21세기에 떠나는 로마서 여행

첫째로, '지혜를 구하는 기도'를 드러라.

나는 이 놀라운 기도를 예수 그리스도의 아우였던 야고보 사도에게서

지도를 받았다.

그는 그의 책 야고보서 1장 5절에서 우리에게 권고한다.

"너희 중에 누구든지 지혜가 부족하거든 후히 주시고 꾸짖지 아니하시는 하나님께 구하라. 그리하면 주시리라."

지혜가 부족하다고 생각되는 사람은 하나님께 지혜를 구하여야 한다. 지혜가 부족한 사람이 지혜를 구하지 아니하고 그냥 되는 대로의 삶을 살아간다면 그것은 지혜의 근본이신 하나님을 불신하는 일이고 자신의 인생에게는 의무를 소홀히 하는 일이며 자신이 서 있는 시대를 향하여는 사명을 다하지 못하는 슬픈 일이 된다.

지혜는 구하는 자의 것이고 구하기만 하면 받는 것이다.

구하면 받는다

구하는 행위보다 중요한 것은 그 기도의 대상자를 향한 굳건한 믿음이다. 기도는 막연한 대상을 향해 막연히 구하는 것이 아니라 약속을 향해 법적으로 나아가는 것이다. 기도에는 법적인 근거가 필요하다. 기도는 애원하는 것이 아니라 요구하는 것이다. 하나님의 자녀(요한복음 1:12)가 아버지이신 그분께 아뢰는 것이다. 예수님은 "(요)구하라(Ask)"고 하셨다(마태복음 7:7).

구했으면 믿어야 한다

"오직 믿음으로 구하고 조금도 의심하지 말라. 의심하는 자는 마치 바람에 밀려 요동하는 바다 물결 같으니 이런 사람은 무엇이든지 주께 얻기를 생각하지 말라. 두 마음을 품어 모든 일에 정함이 없는 자로다(야고보서 1:6-8)."

지혜를 얻기 위해 기도했다면 의심해서는 안 된다. '아멘'으로 기도를 끝냈다면 더 이상 기다리지 않고 그 지혜를 그 순간부터 날마다 사용해야 한다. 그리고 그 지혜를 위해 날마다 구하기를 반복해야 한다. 한 번 구하면 그만큼의 지혜를 받을 것이고 여러 번 구하면 역시 그만큼의 지혜를 입을 것이다.

내가 교장으로 섬기고 있는 마닐라의 국제 거장들의 학교(Masters' International School)에는 중국에서 온 조셉이라는 소년이 있다. 그도 다른 아이들처럼 우리 학교에서 가르치는 대로 날마다 '지혜를 구하는 기도'와 더불어 영어로 성경을 외우는데 어느 날 '다시는 지혜를 달라는 기도를 하지 않겠다'고 심각한 표정으로 말했다. 그 이유는 그가 날마다 그 기도를 드렸는데 이제는 너무 말씀을 잘 외우게 되어 그것으로 인해 자신이 교만해질까 봐 두렵다는 것이었다. 날마다 그 지혜가 임하여 한 번만 읽어도 그냥 줄줄 외워진다는 것이다.

날마다 그 기도를 한 이상 이제 조셉은 어쩔 수 없다. 그 지혜를 거부하기엔 이미 너무 늦었다. 한 번 온 지혜는 그가 그것을 사용하는 한 떠나지 않는다. 그는 그 지혜를 가지고 살아갈 수밖에 없다.

둘째, 말씀을 읽고 외우고 읊조리게 된 이 사실을 날마다 감사하라.
당신이 날마다 드리는 그 감사가 당신을 기적의 사람이 되게 할 것이다.

거기에는 당신을 향한 그분의 놀라운 뜻이 있다(데살로니가전서 5:18).

이제 이 놀랍고도 위대한 일을 시작해보자.

Paul, a servant of Christ Jesus,
예수 그리스도의 종 바울은

마음으로 우리말을 새기며 큰 소리로 영어 말씀을 읽어라.

그러고 나서 눈을 감고 큰 소리로 외워라.

Paul, a servant of Christ Jesus, **called to be an apostle**
예수 그리스도의 종 바울은 사도로 부르심을 받아

첨가된 부분과 함께 큰 소리로 외워질 때 까지 읽어라. 그리고 눈을 감고 큰 소리로 외쳐라.

Paul, a servant of Christ Jesus, called to be an apostle **and set apart**
예수 그리스도의 종 바울은 사도로 부르심을 받아 택정함을 입었으니

똑같은 방법으로 첨가된 부분을 외워라.

Paul, a servant of Christ Jesus, called to be an apostle and set apart **for the gospel of God—**
예수 그리스도의 종 바울은 사도로 부르심을 받아 하나님의 복음을 위하여 택정함을 입었으니

이제 1절의 마지막 부분이다. 눈을 감고 1절 전체를 다 외워라.

당신이 '지혜를 구하는 기도'를 활용했다면 위의 1절을 외우는 데 2, 3분이면 충분했을 것이다.

1절을 완전히 외운 뒤에 2절을 똑같은 방법으로 외우고 1절과 2절을 완전히 외운 뒤에(아무리 해도 안 잊어버릴 정도로) 3절을 똑같은 방법으로 암송하라.

셋째로 아침, 저녁 혹은 밤중에 자신이 완전히 암기한 것을 읊조려라.

소나 양이 뜯어 먹은 풀을 늘 되새김하듯 날마다 읊조리는 그 말씀이 당신의 삶을 이끌어가며 당신을 이 시대의 축복의 사람이 되게 할 것이다.

이제 당신 앞에 축복의 말씀이 있다. 1절을 외우는 데 2분이 걸린다면 로마서 전체(433절)를 다 외우는 데에는 866분(15시간)이면 된다. 만약 1절 외우는 데에 2분이 아니라 5분이 걸린다 하더라도 로마서를 다 외우는 데엔 2165분(36시간)이면 된다.

이 사실은 결론적으로 로마서를 외우는 일은 가능과 불가능의 문제가 아니라 하나님 말씀에 대한 열정이 있느냐 없느냐의 문제이다. 누구든 원하면 로마서뿐 아니라 어떤 말씀이든지 우린 외워서 그것을 주야로 읊조릴 수 있다.

하루에 30분에서 한 시간 정도(두 시간이면 또 어떠랴)만 그분 앞에 꿇어 엎드려 말씀을 읽고 외우면 당신은 나의 아이, 필립과 다니엘처럼 로마서를 한 달 만에 다 외울 수 있다.

그로 인해 이제 우린 이 땅에서 위대한 하나님의 말씀의 사람이 된다.

이 하나님의 말씀을 위해 헌신하여 달리는 나의 독자들을 위해 나 또한 기도를 쉬는 죄를 결단코 주님 앞에 범하지 않으며 함께 무릎을 꿇고 달려가겠다.

PART 2

로마서 영어로
상세히 외우기

1장

(1:1-7)

Paul, a servant of Christ Jesus,

예수 그리스도의 종 바울은

Paul, a servant of Christ Jesus, **called to be an apostle**

예수 그리스도의 종 바울은 사도로 부르심을 받아

Paul, a servant of Christ Jesus, called to be an apostle **and set apart**

예수 그리스도의 종 바울은 사도로 부르심을 받아 택정함을 입었으니

Paul, a servant of Christ Jesus, called to be an apostle and set apart **for the gospel of God—**

예수 그리스도의 종 바울은 사도로 부르심을 받아 하나님의 복음을 위하여 택정함을 입었으니

Paul, a servant of Christ Jesus, called to be an apostle and set apart for the gospel of God—

the gospel he promised

이 복음은 약속하신 것이라

the gospel he promised **beforehand**

이 복음은 미리 약속하신 것이라

the gospel he promised beforehand **through his prophets**

이 복음은 그의 선지자를 통하여 미리 약속하신 것이라

the gospel he promised beforehand through his prophets **in the Holy Scriptures**

이 복음은 하나님이 그의 선지자를 통하여 성경에 미리 약속하신 것이라

the gospel he promised beforehand through his prophets in the Holy Scriptures

3 **regarding his Son,**
그의 아들에 관해 말하면

regarding his Son, **who as to his human nature**
그의 아들에 관해 말하면 육신으로는

regarding his Son, who as to his human nature **was a descendant of David,**
그의 아들에 관해 말하면 육신으로는 다윗의 혈통에서 나셨고

regarding his Son, who as to his human nature was a descendant of David,

4 **and who through the Spirit of holiness**
성결의 영으로는

and who through the Spirit of holiness **was declared with power**
성결의 영으로는 능력으로 선포되셨으니

and who through the Spirit of holiness was declared with power **to be the Son of God**
성결의 영으로는 능력으로 하나님의 아들로 선포되셨으니

and who through the Spirit of holiness was declared with power to be the Son of God **by his resurrection from the dead:**
성결의 영으로는 죽은 자들 가운데서 부활하사 능력으로 하나님의 아들로 선포되셨으니

and who through the Spirit of holiness was declared with power to be the Son of God by his resurrection from the dead: **Jesus Christ our Lord.**

성결의 영으로는 죽은 자들 가운데서 부활하사 능력으로 하나님의 아들로 선포되셨으니 곧 우리 주 예수 그리스도시니라

and who through the Spirit of holiness was declared with power to be the Son of God by his resurrection from the dead: Jesus Christ our Lord.

5 **Through him and for his name's sake,**

그로 말미암아 그의 이름을 위하여

Through him and for his name's sake, **we received grace and apostleship**

그로 말미암아 우리가 은혜와 사도의 직분을 받아 그의 이름을 위하여

Through him and for his name's sake, we received grace and apostleship **to call people from among all the Gentiles**

그로 말미암아 우리가 은혜와 사도의 직분을 받아 그의 이름을 위하여 모든 이방인 중에서

Through him and for his name's sake, we received grace and apostleship to call people from among all the Gentiles **to the obedience that comes from faith.**

그로 말미암아 우리가 은혜와 사도의 직분을 받아 그의 이름을 위하여 모든 이방인 중에서 믿어 순종케 하나니

Through him and for his name's sake, we received grace and apostleship to call people from among all the Gentiles to the obedience that comes from faith.

6 **And you also**

너희도

And you also **are among those who**

너희도 그들 중에서

And you also are among those who **are called**

너희도 그들 중에서 부르심을 받은 자니라

And you also are among those who are called **to belong to Jesus Christ.**

너희도 그들 중에서 예수 그리스도의 것으로 부르심을 받은 자니라

And you also are among those who are called to belong to Jesus Christ.

7 **To all in Rome**

로마에 있는 모든 이에게

To all in Rome **who are loved by God**

하나님의 사랑을 받는 로마에 있는 모든 이에게

To all in Rome who are loved by God **and called to be saints:**

하나님의 사랑을 받고 성도로 부르심을 받은 로마에 있는 모든 이에게

To all in Rome who are loved by God and called to be saints: **Grace and peace to you**

하나님의 사랑을 받고 성도로 부르심을 받은 로마에 있는 모든 이에게 은혜와 평강 이 있기를 원하노라

To all in Rome who are loved by God and called to be saints: Grace and peace to you **from God our Father**

하나님의 사랑을 받고 성도로 부르심을 받은 로마에 있는 모든 이에게 하나님 아버 지로부터 은혜와 평강이 있기를 원하노라

To all in Rome who are loved by God and called to be saints:

Grace and peace to you from God our Father **and from the Lord Jesus Christ.**

하나님의 사랑을 받고 성도로 부르심을 받은 로마에 있는 모든 이에게 우리 아버지와 주 예수 그리스도로부터 은혜와 평강이 있기를 원하노라

To all in Rome who are loved by God and called to be saints: Grace and peace to you from God our Father and from the Lord Jesus Christ.

---

servant n.종 | apostle n.사도 | set apart for 따로(구별하여)두다 | gospel n.복음 | promise vt.약속하다 | beforehand ad.미리 | prophets n.선지자들 | Holy Scriptures n.성경 | regarding prep.말하면, 고려하면 | human nature n.육신 | descendant n.자손, 후손 | holiness n.거룩 | declare vi.선포하다 | resurrection n.부활 | the dead n.죽은 자들 | Jesus Christ our Lord n.예수 그리스도 우리 주 | through prep.—를 통하여 | grace n.은혜 | apostleship n.사도직 | Gentiles n.이방인들 | obedience n.순종 | faith n.믿음 | belong to —에 속한 | Rome n. 로마 | saints n.성도들 | peace n.평강, 평화

예수 그리스도의 종 바울

그것은 그의 명함에 새겨진 그의 직분이다. 그는 그리스도의 종이 되었을 때에 그의 사도로 부르심을 받았다고 고백한다. 그렇다면 사도(Apostle)라는 말도 종(servant)으로 통한다. 하나님을 위해 일어섰다면 그는 그분의 종이 되어야 한다. 그리스도께서도 하나님의 종이 되어 그분께 순종하시기 위해 육신을 입으셨다. 그래서 육신으로는 다윗의 후손이 되셨다. 그리하여 그는 부활의 능력

을 입으셨고 다시금 하나님의 아들로 선포되셨다.

이 책을 연 당신은 하나님의 종이다. 그에게 복종하여 그분의 위대한 사도가

되라. 사도는 부르심을 받은 자이다.

Paul, a servant of Christ Jesus!

그의 이름에 당신의 이름을 새겨 넣으라.

바울이 로마 방문을 소원하다 (1:8-17)

8 **First, I thank my God**
먼저, 내 하나님께 감사한다

First, I thank my God **through Jesus Christ**
먼저, 내가 예수 그리스도로 말미암아 하나님께 감사한다

First, I thank my God through Jesus Christ **for all of you,**
먼저, 내가 예수 그리스도로 말미암아 너희 모든 사람에 관하여 하나님께 감사한다

First, I thank my God through Jesus Christ for all of you, **because your faith is being reported**
먼저, 내가 예수 그리스도로 말미암아 너희 모든 사람에 관하여 하나님께 감사함은 너희 믿음이 전파됨이로다

First, I thank my God through Jesus Christ for all of you, because your faith is being reported **all over the world.**
먼저, 내가 예수 그리스도로 말미암아 너희 모든 사람에 관하여 하나님께 감사함은 너희 믿음이 온 세상에 전파됨이로다

First, I thank my God through Jesus Christ for all of you, because your faith is being reported all over the world.

39

9 **God, whom I serve**

내가 섬기는 하나님

God, whom I serve **with my whole heart**

내가 내 심령으로 섬기는 하나님

God, whom I serve with my whole heart **in preaching the gospel of his Son,**

내가 그의 아들의 복음 안에서 심령으로 섬기는 하나님

God, whom I serve with my whole heart in preaching the gospel of his Son, **is my witness**

내가 그의 아들의 복음 안에서 심령으로 섬기는 하나님이 내 증인이 되시거니와

God, whom I serve with my whole heart in preaching the gospel of his Son, is my witness **how constantly I remember you**

내가 그의 아들의 복음 안에서 심령으로 섬기는 하나님이 내 증인이 되시거니와 항상 (내 기도에) 쉬지 않고 너희를 말하며

God, whom I serve with my whole heart in preaching the gospel of his Son, is my witness how constantly I remember you

10 **in my prayers at all times;**

항상 내 기도에

in my prayers at all times; **and I pray that now at last**

항상 내 기도에 이제 나는 기도한다

in my prayers at all times; and I pray that now at last **by God's will the way may be opened for me**

항상 내 기도에 어떻게 하든지 이제 하나님의 뜻 안에서 나에게 길이 열리기를 기도한다

in my prayers at all times; and I pray that now at last by God's will the way may be opened for me **to come to you.**

항상 내 기도에 어떻게 하든지 이제 하나님의 뜻 안에서 너희에게로 나아
갈 좋은 길 얻기를 구하노라

**in my prayers at all times; and I pray that now at last by God's
will the way may be opened for me to come to you.**

11 I long to see you
나는 너희 보기를 간절히 원한다

I long to see you **so that I may impart to you**
나는 너희 보기를 간절히 원하는 것은 너희를 감화하려 함이니

I long to see you so that I may impart to you **some spiritual gift**
나는 너희 보기를 간절히 원하는 것은 너희에게 신령한 은사를 나누어 주어 너희를
감화하려 함이니

I long to see you so that I may impart to you some spiritual gift **to
make you strong—**
나는 너희 보기를 간절히 원하는 것은 너희에게 신령한 은사를 나누어 주어 너희를
견고케 하려 함이니

**I long to see you so that I may impart to you some spiritual gift
to make you strong—**

12 that is,
이는 곧

that is, **that you and I may be mutually encouraged**
이는 곧 너희와 내가 안위함을 얻으려 함이니

that is, that you and I may be mutually encouraged **by each other's
faith.**
이는 곧 내가 너희 가운데서 너희와 나의 믿음으로 인하여 피차 안위함을 얻으려
함이라

that is, that you and I may be mutually encouraged by each other's faith.

13 **I do not want you to be unaware, brothers,**
형제들아, 나는 너희가 모르기를 원치 아니하노니

I do not want you to be unaware, brothers, **that I planned many times to come to you**
형제들아, 내가 여러 번 너희에게 가고자 한 것을 너희가 모르기를 원치 아니하노니

I do not want you to be unaware, brothers, that I planned many times to come to you **(but have been prevented from doing so until now)**
형제들아, 내가 여러 번 너희에게 가고자 한 것을 너희가 모르기를 원치 아니하노니 지금까지 길이 막혔도다

I do not want you to be unaware, brothers, that I planned many times to come to you (but have been prevented from doing so until now) **in order that I might have a harvest among you,**
형제들아, 내가 여러 번 너희에게 가고자 한 것을 너희가 모르기를 원치 아니하노니 너희 중에서도 열매를 맺게 하려 함이로되 지금까지 길이 막혔도다

I do not want you to be unaware, brothers, that I planned many times to come to you (but have been prevented from doing so until now) in order that I might have a harvest among you, **just as I have had among the other Gentiles.**
형제들아, 내가 여러 번 너희에게 가고자 한 것을 너희가 모르기를 원치 아니하노니 너희 중에서도 (내가)다른 이방인 중에서(했던 것)와 같이 열매를 맺게 하려 함이로되 지금까지 길이 막혔도다

I do not want you to be unaware, brothers, that I planned many times to come to you (but have been prevented from doing so until now) in order that I might have a harvest among you, just as I have had among the other Gentiles.

14 **I am obligated**

나는 빚진 자라

I am obligated **both to Greeks and nonGreeks,**

나는 헬라인이나 야만인에게나 다 빚진 자라

I am obligated both to Greeks and nonGreeks, **both to the wise and the foolish.**

나는 헬라인이나 야만인에게나 지혜 있는 자에게나 어리석은 자에게 다 빚진 자라

I am obligated both to Greeks and nonGreeks, both to the wise and the foolish.

15 **That is why I am so eager**

그러므로 나는 간절히 원한다

That is why I am so eager **to preach the gospel**

그러므로 나는 복음 전하기를 간절히 원한다

That is why I am so eager to preach the gospel **also to you**

그러므로 나는 너희에게도 복음 전하기를 간절히 원한다

That is why I am so eager to preach the gospel also to you **who are at Rome.**

그러므로 나는 할 수 있는 대로 로마에 있는 너희에게도 복음 전하기를 원하노라

That is why I am so eager to preach the gospel also to you who are at Rome.

16 **I am not ashamed of the gospel,**

내가 복음을 부끄러워하지 아니하노니

I am not ashamed of the gospel, **because it is the power of God**

내가 복음을 부끄러워하지 아니하노니 이는 하나님의 능력이 됨이라

I am not ashamed of the gospel, because it is the power of God **for the salvation**

내가 복음을 부끄러워하지 아니하노니 이는 구원을 주시는 하나님의 능력이 됨이라

I am not ashamed of the gospel, because it is the power of God for the salvation **of everyone who believes:**

내가 복음을 부끄러워하지 아니하노니 이는 모든 믿는 자에게 구원을 주시는 하나님의 능력이 됨이라

I am not ashamed of the gospel, because it is the power of God for the salvation of everyone who believes: **first for the Jew,**

내가 복음을 부끄러워하지 아니하노니 이는 모든 믿는 자에게 구원을 주시는 하나님의 능력이 됨이라 먼저는 유대인에게요

I am not ashamed of the gospel, because it is the power of God for the salvation of everyone who believes: first for the Jew, **then for the Gentile.**

내가 복음을 부끄러워하지 아니하노니 이는 모든 믿는 자에게 구원을 주시는 하나님의 능력이 됨이라 먼저는 유대인에게요 그리고 헬라인에게로다

I am not ashamed of the gospel, because it is the power of God for the salvation of everyone who believes: first for the Jew, then for the Gentile.

17 **For in the gospel a righteousness from God is revealed,**

복음에는 하나님의 의가 나타나서

For in the gospel a righteousness from God is revealed, **a righteousness that is by faith from first to last,**

복음에는 하나님의 의가 나타나서 믿음으로 믿음에 이르게 하나니

For in the gospel a righteousness from God is revealed, a righteousness that is by faith from first to last, **just as it is written:**

복음에는 하나님의 의가 나타나서 믿음으로 믿음에 이르게 하나니 기록된 바

For in the gospel a righteousness from God is revealed, a righteousness that is by faith from first to last, just as it is written: **"The righteous will live by Faith."**

복음에는 하나님의 의가 나타나서 믿음으로 믿음에 이르게 하나니 기록된 바 오직 의인은 믿음으로 말미암아 살리라 함과 같으니라

For in the gospel a righteousness from God is revealed, a righteousness that is by faith from first to last, just as it is written: "The righteous will live by Faith."

---

thank v.감사하다 | being reported 전파되다 | serve vi. 섬기다 | preaching n.전파 | witness n.증인 | constantly ad.쉬지 않고, 끊임없이 | remember vt. 기억하다 | impact n.충돌, 충격, 영향, 감화 | spiritual gift 신령한 은사 | mutually a.서로의, 상호의 | encourage vt.용기를 북돋우다, 격려하다 | unaware a.알지 못한 | prevent vt.막다, 방해하다 | harvest n.추수 | obligate vt.의무를 지우다 | Greek n.그리스 사람, 헬라인 | eager a.열망하는 | Rome n.로마 | ashamed a.부끄러워하는 | salvation n.구원 | Jew n.유대인 | Gentile n.이방인, 헬라인 | righteousness n.정의 | reveal vt.드러내다

45

그는 빚진 자

그는 왜 한 번도 보지 못한 사람들을 위해 기도하기를 그치지 않았을까. 왜 그는 그 먼 곳을 사모하며 그곳엘 가기를 그렇게 소원했을 까. 무엇이 그가 그들을 그렇게 사모하여 그들을 믿음으로 견고케 하기를 간절히 원했을까.

그는 빚진 자였다. 그는 헬라인이나 헬라인이 아닌 자들에게도, 모든 이방인들에게 그는 빚진 자였다. 누군가가 그에게 빚 독촉을 하지 않았지만 그는 그 스

스로에게 채무자였다. 그를 살렸던 그리스도로 인해 그는 스스로 그의 종이 되어 그의 사슬을 그 자신의 목에 걸었다. 그는 그 그리스도를 사랑했던 그의 복음을 결코 부끄럽게 여기지 않았다. 도리어 그 복음이 그의 자랑이 된 것은 그 복음이 모든 믿는 자에게 주시는 하나님의 능력임을 그는 알았기 때문이다.

바울! 그는 그리스도를 위해 스스로 빚진 자가 되었다.

I am obligated both to Greeks and nonGreeks, both to the wise and the foolish.

인류에 대한 하나님의 진노 (1:18-32)

18 The wrath of God
하나님의 진노가

The wrath of God **is being revealed from heaven**
하나님의 진노가 하늘로부터 나타나나니

The wrath of God is being revealed from heaven **against all the godlessness**
하나님의 진노가 모든 경건하지 않음에 대하여 하늘로부터 나타나나니

The wrath of God is being revealed from heaven against all the godlessness **and wickedness of men**
하나님의 진노가 사람들의 모든 불의와 경건하지 않음에 대하여 하늘로부터 나타나나니

The wrath of God is being revealed from heaven against all the godlessness and wickedness of men **who suppress the truth**
하나님의 진노가 진리를 막는 사람들의 모든 불의와 경건하지 않음에 대하여 하늘로부터 나타나나니

The wrath of God is being revealed from heaven against all the godlessness and wickedness of men who suppress the truth **by their wickedness,**

하나님의 진노가 불의로 진리를 막는 사람들의 모든 경건하지 않음과 불의에 대하여 하늘로부터 나타나나니

The wrath of God is being revealed from heaven against all the godlessness and wickedness of men who suppress the truth by their wickedness,

19 **since what may be known about God**

이는 하나님이 그들 속에 보임이라

since what may be known about God **is plain to them,**

이는 하나님을 알 만한 것이 그들 속에 보임이라

since what may be known about God is plain to them, **because God has made it plain to them.**

이는 하나님을 알 만한 것이 그들 속에 보임이라 하나님이 이를 그들에게 보이셨느니라

since what may be known about God is plain to them, because God has made it plain to them.

20 **For since the creation of the world**

창세로부터

For since the creation of the world **God's invisible qualities**

창세로부터 하나님의 보이지 않는 것들

For since the creation of the world God's invisible qualities—**his eternal power and divine nature**

창세로부터 하나님의 보이지 않는 것들 곧 그의 영원하신 능력과 신성

For since the creation of the world God's invisible qualities—his

eternal power and divine nature—**have been clearly seen,**
창세로부터 하나님의 보이지 않는 것들 곧 그의 영원하신 능력과 신성이 분명히 보
여졌나니

For since the creation of the world God's invisible qualities—his
eternal power and divine nature—have been clearly seen, **being
understood from what has been made,**
창세로부터 하나님의 보이지 않는 것들 곧 그의 영원하신 능력과 신성이 그가 만드
신 만물에 분명히 보여 알려졌나니

For since the creation of the world God's invisible qualities—his
eternal power and divine nature—have been clearly seen, being
understood from what has been made, **so that men are without
excuse.**
창세로부터 하나님의 보이지 않는 것들 곧 그의 영원하신 능력과 신성이 그가 만드
신 만물에 분명히 보여 알려졌나니 그러므로 그들이 핑계하지 못할지니라

**For since the creation of the world God's invisible qualities—
his eternal power and divine nature—have been clearly seen,
being understood from what has been made, so that men are
without excuse.**

48

21 **For although they knew God,**
하나님을 알되,

For although they knew God, **they neither glorified him as God**
하나님을 알되, 하나님을 영화롭게도 아니하며

For although they knew God, they neither glorified him as God **nor
gave thanks to him,**
하나님을 알되, 하나님을 영화롭게도 아니하며 감사하지도 아니하고

For although they knew God, they neither glorified him as God nor
gave thanks to him, **but their thinking became futile**
하나님을 알되, 하나님을 영화롭게도 아니하며 감사하지도 아니하고 오히려 그 생각

이 허망하여지며

For although they knew God, they neither glorified him as God nor gave thanks to him, but their thinking became futile **and their foolish hearts were darkened.**

하나님을 알되, 하나님을 영화롭게도 아니하며 감사하지도 아니하고 오히려 그 생각이 허망하여지며 미련한 마음이 어두워졌나니

For although they knew God, they neither glorified him as God nor gave thanks to him, but their thinking became futile and their foolish hearts were darkened.

22 **Although they claimed to be wise,**

스스로 지혜 있다 하나,

Although they claimed to be wise, **they became fools**

스스로 지혜 있다 하나, 어리석게 되어

Although they claimed to be wise, they became fools

23 **and exchanged the glory of the immortal God**

썩어지지 아니하는 하나님의 영광을 바꾸었느니라

and exchanged the glory of the immortal God **for images made to look like mortal man**

썩어지지 아니하는 하나님의 영광을 썩어질 사람의 우상으로 바꾸었느니라

and exchanged the glory of the immortal God for images made to look like mortal man **and birds and animals and reptiles.**

썩어지지 아니하는 하나님의 영광을 썩어질 사람과 새와 짐승과 기어 다니는 동물 모양의 우상으로 바꾸었느니라

and exchanged the glory of the immortal God for images made to look like mortal man and birds and animals and reptiles.

24 **Therefore God gave them over in the sinful desires**

그러므로 하나님께서 정욕대로 두사

Therefore God gave them over in the sinful desires **of their hearts to sexual impurity**

그러므로 하나님께서 그들의 마음의 정욕대로 더러움에 내버려 두사

Therefore God gave them over in the sinful desires of their hearts to sexual impurity **for the degrading of their bodies**

그러므로 하나님께서 그들의 마음의 정욕대로 더러움에 내버려 두사 그들의 몸을 욕되게 하셨으니

Therefore God gave them over in the sinful desires of their hearts to sexual impurity for the degrading of their bodies **with one another.**

그러므로 하나님께서 그들의 마음의 정욕대로 더러움에 내버려 두사 그들의 몸을 서로 욕되게 하셨으니

Therefore God gave them over in the sinful desires of their hearts to sexual impurity for the degrading of their bodies with one another.

25 **They exchanged the truth of God for a lie,**

이는 그들이 하나님의 진리를 거짓 것으로 바꾸어

They exchanged the truth of God for a lie, **and worshiped and served created things**

이는 그들이 하나님의 진리를 거짓 것으로 바꾸어 피조물을 더 경배하고 섬김이라

They exchanged the truth of God for a lie, and worshiped and served created things **rather than the Creator**

이는 그들이 하나님의 진리를 거짓 것으로 바꾸어 피조물을 조물주보다 더 경배하고 섬김이라

They exchanged the truth of God for a lie, and worshiped and served created things rather than the Creator—**who is forever praised. Amen.**

이는 그들이 하나님의 진리를 거짓 것으로 바꾸어 피조물을 조물주보다 더 경배하고 섬김이라 주는 곧 영원히 찬송할 이시로다 아멘

They exchanged the truth of God for a lie, and worshiped and served created things rather than the Creator—who is forever praised. Amen.

핑계치 못할 복음

사람들에겐 하나님을 알고자 하면 얼마든지 그를 알만한 것이 그들 속에 있다. 하나님의 능력과 그의 성품이 어떠한지 그가 만드신 만물에 분명히 나타나 있다. 그가 만드신 만물 가운데 거하며 그 만물과 더불어 살면서도 하나님을 부정하는 것은 그 만물 가운데 자신을 하나님의 자리에 두기 때문이다. 하나님을 알지만 그를 하나님으로 섬기지 않으므로 그들은 진리에 비껴나 앉아 스스로 허망케 된다. 만물을 만드신 조물주보다 그 피조물을 더 예배하고 섬기는 어리석음에 빠져들어 자신을 욕되게 한다.

So that men are without excuse!

51

26 Because of this,

이 때문에

Because of this, **God gave them over to shameful lusts.**

이 때문에 하나님께서 그들을 부끄러운 욕심에 내버려 두셨으니

Because of this, God gave them over to shameful lusts. **Even their women exchanged natural relations for unnatural ones.**

이 때문에 하나님께서 그들을 부끄러운 욕심에 내버려 두셨으니 곧 그들의 여자들도 순리대로 쓸 것을 바꾸어 역리로 쓰며

Because of this, God gave them over to shameful lusts. Even their women exchanged natural relations for unnatural ones.

27 **In the same way**

그와 같이

In the same way **the men also abandoned natural relations with women**

그와 같이 남자들도 순리대로 여자 쓰기를 버리고

In the same way the men also abandoned natural relations with women **and were inflamed with lust for one another.**

그와 같이 남자들도 순리대로 여자 쓰기를 버리고 서로 향하여 음욕이 불 일 듯하매

In the same way the men also abandoned natural relations with women and were inflamed with lust for one another. **Men committed indecent acts with other men,**

그와 같이 남자들도 순리대로 여자 쓰기를 버리고 서로 향하여 음욕이 불 일 듯하매 남자가 남자와 더불어 부끄러운 일을 행하여

In the same way the men also abandoned natural relations with women and were inflamed with lust for one another. Men committed indecent acts with other men, **and received in themselves the due penalty**

그와 같이 남자들도 순리대로 여자 쓰기를 버리고 서로 향하여 음욕이 불 일 듯하매 남자가 남자와 더불어 부끄러운 일을 행하여 상당한 보응을 받았느니라

In the same way the men also abandoned natural relations with women and were inflamed with lust for one another. Men committed indecent acts with other men, and received in themselves the due penalty **for their perversion.**

그와 같이 남자들도 순리대로 여자 쓰기를 버리고 서로 향하여 음욕이 불 일 듯하매

남자가 남자와 더불어 부끄러운 일을 행하여 그들의 그릇됨에 상당한 보응을 받았느니라

In the same way the men also abandoned natural relations with women and were inflamed with lust for one another. Men committed indecent acts with other men, and received in themselves the due penalty for their perversion.

28 **Furthermore,**
또한

Furthermore, **since they did not think it worthwhile**
또한 그들이 그것을 소중히 여기지 않아

Furthermore, since they did not think it worthwhile **to retain the knowledge of God,**
또한 그들이 마음에 하나님 두기를 싫어하매

Furthermore, since they did not think it worthwhile to retain the knowledge of God, **he gave them over to a depraved mind,**
또한 그들이 마음에 하나님 두기를 싫어하매 하나님께서 그들을 상실한 마음대로 내버려 두사

Furthermore, since they did not think it worthwhile to retain the knowledge of God, he gave them over to a depraved mind, **to do what ought not to be done.**
또한 그들이 마음에 하나님 두기를 싫어하매 하나님께서 그들을 상실한 마음대로 내버려 두사 합당하지 못한 일을 하게 하셨으니

Furthermore, since they did not think it worthwhile to retain the knowledge of God, he gave them over to a depraved mind, to do what ought not to be done.

They have become filled with every kind of wickedness,
모든 불의가 가득한 자요

They have become filled with every kind of wickedness, **evil, greed and depravity.**
모든 불의가 가득한 자요 추악, 탐욕, 악의

They have become filled with every kind of wickedness, evil, greed and depravity. **They are full of envy,**
모든 불의, 추악, 탐욕, 악의가 가득한 자요

They have become filled with every kind of wickedness, evil, greed and depravity. **They are full of envy, murder, strife,**
모든 불의, 추악, 탐욕 악의가 가득한 자요 시기, 살인, 분쟁이 가득한 자요

They have become filled with every kind of wickedness, evil, greed and depravity. They are full of envy, murder, strife, **deceit and malice.**
모든 불의, 추악, 탐욕 악의가 가득한 자요 시기, 살인, 분쟁, 사기, 악독이 가득한 자요

They have become filled with every kind of wickedness, evil, greed and depravity. They are full of envy, murder, strife, deceit and malice. **They are gossips,**
모든 불의, 추악, 탐욕 악의가 가득한 자요 시기, 살인, 분쟁, 사기, 악독이 가득한 자요 수군수군하는 자요

They have become filled with every kind of wickedness, evil, greed and depravity. They are full of envy, murder, strife, deceit and malice. They are gossips,

slanderers, God-haters,
비방하는 자요 하나님께서 미워하시는 자요

slanderers, God-haters, **insolent, arrogant and boastful;**
비방하는 자요 하나님께서 미워하시는 자요 능욕하는 자요 교만한 자요 자랑하는 자요

slanderers, God-haters, insolent, arrogant and boastful; **they invent ways of doing evil;**

비방하는 자요 하나님께서 미워하시는 자요 능욕하는 자요 교만한 자요 자랑하는 자요 악을 도모하는 자요

slanderers, God-haters, insolent, arrogant and boastful; they invent ways of doing evil; **they disobey their parents;**

비방하는 자요 하나님께서 미워하시는 자요 능욕하는 자요 교만한 자요 자랑하는 자요 악을 도모하는 자요 부모를 거역하는 자요

slanderers, God-haters, insolent, arrogant and boastful; they invent ways of doing evil; they disobey their parents;

31 **they are senseless,**

우매한 자요

they are senseless, **faithless, heartless,**

우매한 자요 배약하는 자요 무정한 자요

they are senseless, faithless, heartless, ruthless.

우매한 자요 배약하는 자요 무정한 자요 무자비한 자라

they are senseless, faithless, heartless, ruthless.

32 **Although they know God's righteous decree**

그들이 하나님께서 정하심을 알고도

Although they know God's righteous decree **that those who do such things deserve death,**

그들이 이 같은 일을 행하는 자는 사형에 해당한다고 하나님께서 정하심을 알고도

Although they know God's righteous decree that those who do such things deserve death, **they not only continue to do these very things**

그들이 이 같은 일을 행하는 자는 사형에 해당한다고 하나님께서 정하심을 알고도 자기들만 행할 뿐만 아니라

Although they know God's righteous decree that those who do such things deserve death, they not only continue to do these very things **but also approve of those who practice them.**

그들이 이 같은 일을 행하는 자는 사형에 해당한다고 하나님께서 정하심을 알고도 자기들만 행할 뿐만 아니라 또한 그러한 일을 행하는 자들을 옳다 하느니라

Although they know God's righteous decree that those who do such things deserve death, they not only continue to do these very things but also approve of those who practice them.

wrath n.진노, 격노 | godlessness n.불경건 | wickedness n.사악함 | suppress vt.막다 | plain a.명백한 | invisible a.보이지 않는 | eternal power 영원한 능력 | divine nature 신성 | glorify vt.영화롭게 하다 | futile a.헛된 | darken vt.어둡게 하다 | claim vt.주장(요구)하다 | immortal a.썩어지지 아니할 | mortal a.죽을 운명의 | reptile n.파충류 동물 | sinful desires 죄의 욕망들 | sexual a.성적인 | impurity n.불결 | degrade vt.타락시키다 | lie n.거짓 | worshiped Creator n.창조자 | shameful a.부끄러운 | lusts n.강한 욕망들 | abandon vt.버리다 | inflame vt.흥분시키다, 자극하다 | committed indecent a.부끄러운 | penalty n.형벌 | perversion n.타락 | Furthermore ad.더욱이, 게다가 | worthwhile a.할 보람이 있는, 상당한 | retain vt.계속 유지하다 | depraved a.타락한 | ought aux.해야 하다 | evil a.나쁜 | greed n.탐욕 | depravity n.타락, 부패 | envy n.질투 | murder n.살인 | strife n.싸움 | deceit n.사기 | malice n.악의 | gossip n.잡담 | slanderer n.중상하는 자 | God-haters 하나님이 미워하는 자 | insolent a.오만

한 | arrogant a.거만한 | boastful a.자랑하는 | invent vt.날조하다 | senseless a.지각없는 | faithless a.신의 없는 | heartless a.무정한 | ruthless a.냉혹한 | decree n.법령 | deserve vt.-할 만하다

2장

하나님의 의로운 심판 (2:1-16)

1 **You, therefore, have no excuse,**
그러므로 네가 핑계하지 못할 것은

You, therefore, have no excuse, **you who pass judgment on someone else,**
그러므로 남을 판단하는 사람아, 네가 핑계하지 못할 것은

You, therefore, have no excuse, you who pass judgment on someone else, **for at whatever point you judge the other,**
그러므로 남을 판단하는 사람아, 누구를 막론하고 남을 판단하는 것으로 네가 핑계하지 못할 것은

You, therefore, have no excuse, you who pass judgment on someone else, for at whatever point you judge the other, **you are condemning yourself,**
그러므로 남을 판단하는 사람아, 누구를 막론하고 남을 판단하는 것으로 네가 너를 정죄함이니 네가 핑계하지 못할 것은

You, therefore, have no excuse, you who pass judgment on someone else, for at whatever point you judge the other, you are condemning yourself, **because you who pass judgment do the same things.**

그러므로 남을 판단하는 사람아, 누구를 막론하고 누구든지 네가 핑계하지 못할 것은 남을 판단하는 것으로 네가 너를 정죄함이니 판단하는 네가 같은 일을 행함이라

You, therefore, have no excuse, you who pass judgment on someone else, for at whatever point you judge the other, you are condemning yourself, because you who pass judgment do the same things.

2 Now we know
우리가 아노라

Now we know **that God's judgment**
우리가 하나님의 심판을 아노라

Now we know that God's judgment **against those who do such things**
이런 일을 행하는 자에게 하나님의 심판이 (어떠한 것을) 우리가 아노라

Now we know that God's judgment against those who do such things **is based on truth.**
이런 일을 행하는 자에게 하나님의 심판이 진리대로 되는 줄 우리가 아노라

Now we know that God's judgment against those who do such things is based on truth.

3 So when you, a mere man, pass judgment on them
이런 일을 행하는 자를 판단하는 사람아,

So when you, a mere man, pass judgment on them **and yet do the same things,**
이런 일을 행하는 자를 판단하고도 같은 일을 행하는 사람아,

So when you, a mere man, pass judgment on them and yet do the same things, **do you think you will escape**
이런 일을 행하는 자를 판단하고도 같은 일을 행하는 사람아, 네가 피할 줄로 생각하느냐

So when you, a mere man, pass judgment on them and yet do the same things, do you think you will escape **God's judgment?**
이런 일을 행하는 자를 판단하고도 같은 일을 행하는 사람아, 네가 하나님의 심판을 피할 줄로 생각하느냐

So when you, a mere man, pass judgment on them and yet do the same things, do you think you will escape God's judgment?

4 **Or do you show contempt**
혹 네가 멸시하느냐

Or do you show contempt **for the riches of his kindness,**
혹 네가 그의 인자하심의 풍성함을 멸시하느냐

Or do you show contempt for the riches of his kindness, **tolerance and patience,**
혹 네가 그의 인자하심과 용납하심과 길이 참으심이 풍성함을 멸시하느냐

Or do you show contempt for the riches of his kindness, tolerance and patience, **not realizing that God's kindness**
혹 네가 하나님의 인자하심을 알지 못하여 그의 인자하심과 용납하심과 길이 참으심이 풍성함을 멸시하느냐

Or do you show contempt for the riches of his kindness, tolerance and patience, not realizing that God's kindness **leads you toward repentance?**
혹 네가 하나님의 인자하심이 너를 인도하여 회개하게 하심을 알지 못하여 그의 인자하심과 용납하심과 길이 참으심이 풍성함을 멸시하느냐

Or do you show contempt for the riches of his kindness, tolerance and patience, not realizing that God's kindness leads you toward repentance?

5 **But because of your stubbornness**
다만 네 고집과

But because of your stubbornness **and your unrepentant heart,**
다만 네 고집과 회개하지 아니한 마음

But because of your stubbornness and your unrepentant heart, **you are storing up wrath against yourself**
다만 네 고집과 회개하지 아니한 마음(을 따라) 진노를 네게 쌓는 도다

But because of your stubbornness and your unrepentant heart, you are storing up wrath against yourself **for the day of God's wrath,**
다만 네 고집과 회개하지 아니한 마음을 따라 하나님의 진노의 날에 임할 진노를 네게 쌓는 도다

But because of your stubbornness and your unrepentant heart, you are storing up wrath against yourself for the day of God's wrath, **when his righteous judgment will be revealed.**
다만 네 고집과 회개하지 아니한 마음을 따라 진노의 날 곧 하나님의 의로우신 심판이 나타나는 그 날에 임할 진노를 네게 쌓는 도다

But because of your stubbornness and your unrepentant heart, you are storing up wrath against yourself for the day of God's wrath, when his righteous judgment will be revealed.

6 **God "will give to each person**
하나님께서 각 사람에게 보응하시되

God "will give to each person **according to what he has done."**

하나님께서 각 사람에게 그 행한 대로 보응하시되

God "will give to each person according to what he has done."

To those who by persistence in doing good
참고 선을 행하는 자에게는

To those who by persistence in doing good **seek glory,**
참고 선을 행하여 영광을 구하는 자에게는

To those who by persistence in doing good seek glory, **honor and immortality,**
참고 선을 행하여 영광과 존귀와 썩지 아니함을 구하는 자에게는

To those who by persistence in doing good seek glory, honor and immortality, **he will give eternal life.**
참고 선을 행하여 영광과 존귀와 썩지 아니함을 구하는 자에게는 영생으로 하시고

61

To those who by persistence in doing good seek glory, honor and immortality, he will give eternal life.

But for those who are self-seeking
오직 당을 지어

But for those who are self-seeking **and who reject the truth**
오직 당을 지어 진리를 따르지 아니하고

But for those who are self-seeking and who reject the truth **and follow evil,**
오직 당을 지어 진리를 따르지 아니하고 불의를 따르는 자에게는

But for those who are self-seeking and who reject the truth and follow evil, **there will be wrath and anger.**
오직 당을 지어 진리를 따르지 아니하고 불의를 따르는 자에게는 진노와 분노로 하시리라.

But for those who are self-seeking and who reject the truth and follow evil, there will be wrath and anger.

9 **There will be trouble and distress**
환난과 곤고가 있으리니

There will be trouble and distress **for every human being**
각 사람에게 환난과 곤고가 있으리니

There will be trouble and distress for every human being **who does evil:**
악을 행하는 각 사람의 영에는 환난과 곤고가 있으리니

There will be trouble and distress for every human being who does evil: **first for the Jew,**
악을 행하는 각 사람의 영에는 환난과 곤고가 있으리니 먼저는 유대인에게요

There will be trouble and distress for every human being who does evil: first for the Jew, **then for the Gentile;**
악을 행하는 각 사람의 영에는 환난과 곤고가 있으리니 먼저는 유대인에게요 그리고 헬라인에게며

There will be trouble and distress for every human being who does evil: first for the Jew, then for the Gentile;

10 **but glory, honor and peace**
영광과 존귀와 평강

but glory, honor and peace **for everyone who does good:**
선을 행하는 각 사람에게는 영광과 존귀와 평강이 있으리니

but glory, honor and peace for everyone who does good: **first for the Jew, then for the Gentile.**
선을 행하는 각 사람에게는 영광과 존귀와 평강이 있으리니 먼저는 유대인에게요 그

리고 헬라인에게라

but glory, honor and peace for everyone who does good: first for the Jew, then for the Gentile.

11 **For God does not show favoritism.**

이는 하나님께서 외모로 사람을 취하지 아니하심이라

For God does not show favoritism.

12 **All who sin apart from the law**

무릇 율법 없이 범죄한 자는

All who sin apart from the law **will also perish apart from the law,**

무릇 율법 없이 범죄한 자는 또한 율법 없이 망하고

All who sin apart from the law will also perish apart from the law,
and all who sin under the law

무릇 율법 없이 범죄한 자는 또한 율법 없이 망하고 무릇 율법이 있고 범죄한 자는

All who sin apart from the law will also perish apart from the law,
and all who sin under the law **will be judged by the law.**

무릇 율법 없이 범죄한 자는 또한 율법 없이 망하고 무릇 율법이 있고 범죄한 자는
율법으로 말미암아 심판을 받으리라

All who sin apart from the law will also perish apart from the law, and all who sin under the law will be judged by the law.

13 **For it is not those who hear the law**

율법을 듣는 자가 (의인이) 아니요

For it is not those who hear the law **who are righteous**

율법을 듣는 자가 의인이 아니요

For it is not those who hear the law who are righteous **in God' s sight,**

하나님 앞에서는 율법을 듣는 자가 의인이 아니요

For it is not those who hear the law who are righteous in God' s sight, **but it is those who obey the law**

하나님 앞에서는 율법을 듣는 자가 의인이 아니요 오직 율법을 행하는 자라야

For it is not those who hear the law who are righteous in God' s sight, but it is those who obey the law **who will be declared righteous.**

하나님 앞에서는 율법을 듣는 자가 의인이 아니요 오직 율법을 행하는 자라야 의롭다 하심을 얻으리니

For it is not those who hear the law who are righteous in God' s sight, but it is those who obey the law who will be declared righteous.

14 **(Indeed, when Gentiles, who do not have the law,**

(율법 없는 이방인이

(Indeed, when Gentiles, who do not have the law, do by nature things required by the law,

(율법 없는 이방인이 본성으로 율법의 일을 행할 때에는

(Indeed, when Gentiles, who do not have the law, do by nature things required by the law, **they are a law for themselves,**

(율법 없는 이방인이 본성으로 율법의 일을 행할 때에는 이 사람은 자기가 자기에게 율법이 되나니

(Indeed, when Gentiles, who do not have the law, do by nature things required by the law, they are a law for themselves, **even**

though they do not have the law,

(율법 없는 이방인이 본성으로 율법의 일을 행할 때에는 이 사람은 율법이 없어도 자기가 자기에게 율법이 되나니

(Indeed, when Gentiles, who do not have the law, do by nature things required by the law, they are a law for themselves, even though they do not have the law,

15 **since they show that the requirements of the law**
그들은 율법의 행위를 나타내느니라

since they show that the requirements of the law **are written on their hearts,**
그들은 그 마음에 새긴 율법의 행위를 나타내느니라

since they show that the requirements of the law are written on their hearts, **their consciences also bearing witness,**
이런 이들은 그 양심이 증거가 되어 그 마음에 새긴 율법의 행위를 나타내느니라

since they show that the requirements of the law are written on their hearts, their consciences also bearing witness, **and their thoughts now accusing,**
이런 이들은 그 양심이 증거가 되어 그 생각들이 서로 혹은 고발하며 그 마음에 새긴 율법의 행위를 나타내느니라

since they show that the requirements of the law are written on their hearts, their consciences also bearing witness, and their thoughts now accusing, **now even defending them.)**
이런 이들은 그 양심이 증거가 되어 그 생각들이 서로 혹은 고발하며 혹은 변명하여 그 마음에 새긴 율법의 행위를 나타내느니라)

since they show that the requirements of the law are written on their hearts, their consciences also bearing witness, and their thoughts now accusing, now even defending them.)

65

16 This will take place on the day

(어떤 일이 일어나는)그 날이라

This will take place on the day **when God will judge men's secrets**

하나님이 사람들의 은밀한 것을 심판하시는 그 날이라

This will take place on the day when God will judge men's secrets **through Jesus Christ,**

하나님이 예수 그리스도로 말미암아 사람들의 은밀한 것을 심판하시는 그 날이라

This will take place on the day when God will judge men's secrets through Jesus Christ, **as my gospel declares.**

곧 나의 복음에 이른 바와 같이 하나님이 예수 그리스도로 말미암아 사람들의 은밀한 것을 심판하시는 그 날이라

This will take place on the day when God will judge men's secrets through Jesus Christ, as my gospel declares.

66

therefore ad.그러므로 | excuse n.핑계, 변명 | judgment n.판단, 심판 | condemn vt.비난하다 | mere a.단순한 | escape vi.달아나다 | contempt n.경멸, 멸시 | kindness n.인자, 친절 | tolerance n.관용 | patience n.인내 | realizing a.실현하는 | repentance n.회개 | stubbornness n.완고함 | unrepentant a.회개치 않는 | storing up vt.쌓다 | wrath n.진노 | be revealed 나타나는 | according to ―에 따라 | what he has done 그 행한 대로 | ersistence n.인내 | honor n.영광 | immortality n.불멸, 썩지 아니함 | eternal life 영생 | anger n.분노 | Jew n.유대인 | Gentile n.이방인 | favoritism n.편애 | perish vi.(갑자기)죽다, 사라지다 | God's sight 하나님의 시야(앞) | obey vt.복종하다 | declared righteous 의롭다 하심을 | Indeed a.실로, 참으로 | require vt.필요로 하다 | requirement n.요구 | onscience n.양심 | defend vt.방어하다

하나님의 공의로우신 심판은

1. 남을 판단하고서도 자신 스스로를 말씀으로 판단하지 못하는 사람은 이미 자신을 정죄하는 것이다. 하나님의 진리의 잣대가 그를 심판하신다.

2. 하나님의 인자하심과 용납하심과 길이 참으심의 풍성하심을 멸시하는 그들의 고집과 회개치 않는 마음은 그분의 진노를 자신에게 쌓는 것이다.

3. 하나님께서는 각 사람의 행한 대로 갚으시는데 죄의 욕망을 참고 이겨내어 선을 행하여 영광과 존귀와 썩지 아니함을 구하는 자에게는 영생을 상급으로 주시고

4. 당을 지어 –죄인들은 죄를 공유하는 친구가 있다– 진리를 따르지 아니하고 불의를 따르는 자들에게는 그분의 진노와 분노로 다스리신다.

5. 악을 행하는 사람들의 영은 환란과 곤고를 겪는다. 그것은 인생의 가장 큰 고통이고 지기 힘든 인생의 짐인데 그것은 어떤 사람도 예외가 아니다. 하나님은 사람을 외모(신분)로 취하지 않으신다.

6. 율법이 없이 범죄한 불신자나 율법을 알고도 죄를 범한 크리스천이나 모두 그분의 심판을 피할 수 없다.

7. 하나님의 율법은 듣는 자가 의인이 아니고 그대로 행하는 자가 의인이다. 하나님은 사람의 은밀한 행위도 다 아신다.

God does not show favoritism!

67

유대인과 율법 (2:17 – 29)

17 **Now you, if you call yourself a Jew;**

유대인이라 불리는 네가

Now you, if you call yourself a Jew; **if you rely on the law**

유대인이라 불리는 네가 율법을 의지하며

Now you, if you call yourself a Jew; if you rely on the law **and brag about your relationship to God;**

유대인이라 불리는 네가 율법을 의지하며 하나님을 자랑하며

Now you, if you call yourself a Jew; if you rely on the law and brag about your relationship to God;

18 **if you know his will**

하나님의 뜻을 알고

if you know his will **and approve of what is superior**

하나님의 뜻을 알고 지극히 선한 것을 분간하며

if you know his will and approve of what is superior **because you are instructed by the law;**

율법의 교훈을 받아 하나님의 뜻을 알고 지극히 선한 것을 분간하며 (또는 능히 같지 아니한 점을 분별하라)

if you know his will and approve of what is superior because you are instructed by the law;

19 **if you are convinced that you are a guide for the blind,**

맹인의 길을 인도하는 자요

if you are convinced that you are a guide for the blind, **a light for those who are in the dark,**

맹인의 길을 인도하는 자요 어둠에 있는 자의 빛이요

if you are convinced that you are a guide for the blind, a light for those who are in the dark,

20 **an instructor of the foolish,**

어리석은 자의 교사요

an instructor of the foolish, **a teacher of infants,**

어리석은 자의 교사요 어린 아이의 선생

an instructor of the foolish, a teacher of infants, **because you have in the law the embodiment of knowledge and truth—**

율법에 있는 지식과 진리의 모본을 가진 자로서 어리석은 자의 교사요 어린 아이의 선생(이라고 스스로 믿으니)

an instructor of the foolish, a teacher of infants, because you have in the law the embodiment of knowledge and truth—

21 **you, then, who teach others,**

그러면 다른 사람을 가르치는 네가

you, then, who teach others, **do you not teach yourself?**

그러면 다른 사람을 가르치는 네가 네 자신은 가르치지 아니하느냐

you, then, who teach others, do you not teach yourself? **You who preach against stealing,**

그러면 다른 사람을 가르치는 네가 네 자신은 가르치지 아니하느냐 도둑질하지 말라 선포하는 네가

you, then, who teach others, do you not teach yourself? You who preach against stealing, **do you steal?**

그러면 다른 사람을 가르치는 네가 네 자신은 가르치지 아니하느냐 도둑질하지 말라 선포하는 네가 도둑질하느냐

you, then, who teach others, do you not teach yourself? You who preach against stealing, do you steal?

22

You who say that people should not commit adultery,

간음하지 말라 말하는 네가

You who say that people should not commit adultery, **do you commit adultery?**

간음하지 말라 말하는 네가 간음하느냐

You who say that people should not commit adultery, do you commit adultery? **You who abhor idols,**

간음하지 말라 말하는 네가 간음하느냐 우상을 가증이 여기는 네가

You who say that people should not commit adultery, do you commit adultery? You who abhor idols, **do you rob temples?**

간음하지 말라 말하는 네가 간음하느냐 우상을 가증이 여기는 네가 신전 물건을 도둑질하느냐

You who say that people should not commit adultery, do you commit adultery? You who abhor idols, do you rob temples?

23

You who brag about the law,

율법을 자랑하는 네가

You who brag about the law, **do you dishonor God**

율법을 자랑하는 네가 하나님을 욕되게 하느냐

You who brag about the law, do you dishonor God **by breaking the law?**

율법을 자랑하는 네가 율법을 범함으로 하나님을 욕되게 하느냐

You who brag about the law, do you dishonor God by breaking the law?

As it is written: "God's name is blasphemed

기록된 바와 같이 하나님의 이름이 모독을 받는 도다

As it is written: "God's name is blasphemed **among the Gentiles**
기록된 바와 같이 하나님의 이름이 이방인 중에서 모독을 받는 도다

As it is written: "God's name is blasphemed among the Gentiles
because of you."
기록된 바와 같이 하나님의 이름이 너희 때문에 이방인 중에서 모독을 받는 도다

As it is written: "God's name is blasphemed among the Gentiles because of you."

25 Circumcision has value
할례가 유익하나

Circumcision has value **if you observe the law,**
네가 율법을 행하면 할례가 유익하나

Circumcision has value if you observe the law, **but if you break the law,**
네가 율법을 행하면 할례가 유익하나 만일 율법을 범하면

71

Circumcision has value if you observe the law, but if you break the law, **you have become as though you had not been circumcised.**
네가 율법을 행하면 할례가 유익하나 만일 율법을 범하면 네 할례는 무할례가 되느니라

Circumcision has value if you observe the law, but if you break the law, you have become as though you had not been circumcised.

26 If those who are not circumcised
그런즉 무할례자가

If those who are not circumcised **keep the law's requirements,**

그런즉 무할례자가 율법의 규례를 지키면

If those who are not circumcised keep the law's requirements, **will they not be regarded**

그런즉 무할례자가 율법의 규례를 지키면 여길 것이 아니냐

If those who are not circumcised keep the law's requirements, will they not be regarded **as though they were circumcised?**

그런즉 무할례자가 율법의 규례를 지키면 (그 무할례를) 할례와 같이 여길 것이 아니냐

If those who are not circumcised keep the law's requirements, will they not be regarded as though they were circumcised?

27 **The one who is not circumcised physically**

또한 본래 무할례자가

The one who is not circumcised physically **and yet obeys the law**

또한 본래 무할례자가 율법을 온전히 지키면

The one who is not circumcised physically and yet obeys the law **will condemn you**

또한 본래 무할례자가 율법을 온전히 지키면 너를 정죄하지 아니하겠느냐

The one who is not circumcised physically and yet obeys the law will condemn you **who, even though you have the written code**

또한 본래 무할례자가 율법을 온전히 지키면 율법 조문을 가진 너를 정죄하지 아니하겠느냐

The one who is not circumcised physically and yet obeys the law will condemn you who, even though you have the written code **and circumcision,**

또한 본래 무할례자가 율법을 온전히 지키면 율법 조문과 할례를 받은 너를 정죄하지 아니하겠느냐

The one who is not circumcised physically and yet obeys the law will condemn you who, even though you have the written code and circumcision, **are a lawbreaker.**

또한 본래 무할례자가 율법을 온전히 지키면 율법 조문과 할례를 가지고 율법을 범하는 너를 정죄하지 아니하겠느냐

The one who is not circumcised physically and yet obeys the law will condemn you who, even though you have the written code and circumcision, are a lawbreaker.

28

A man is not a Jew if he is only one outwardly,

무릇 표면적 유대인이 유대인이 아니요

A man is not a Jew if he is only one outwardly, **nor is circumcision merely outward and physical.**

무릇 표면적 유대인이 유대인이 아니요 표면적 육신의 할례가 할례가 아니니라

A man is not a Jew if he is only one outwardly, nor is circumcision merely outward and physical.

No, a man is a Jew if he is one inwardly;

오직 이면적 유대인이 유대인이며

No, a man is a Jew if he is one inwardly; **and circumcision is circumcision of the heart,**

오직 이면적 유대인이 유대인이며 할례는 마음에 할지니

No, a man is a Jew if he is one inwardly; and circumcision is circumcision of the heart, **by the Spirit, not by the written code.**

오직 이면적 유대인이 유대인이며 할례는 마음에 할지니 영에 있고 율법 조문에 있지 아니한 것이라

No, a man is a Jew if he is one inwardly; and circumcision is circumcision of the heart, by the Spirit, not by the written code.

Such a man's praise is not from men,

오직 이면적 유대인이 유대인이며 할례는 마음에 할지니 영에 있고 율법 조문에 있지 아니한 것이라 그 칭찬이 사람에게서가 아니요

No, a man is a Jew if he is one inwardly; and circumcision is circumcision of the heart, by the Spirit, not by the written code. Such a man's praise is not from men, **but from God.**

오직 이면적 유대인이 유대인이며 할례는 마음에 할지니 영에 있고 율법 조문에 있지 아니한 것이라 그 칭찬이 사람에게서가 아니요 다만 하나님에게서니라

No, a man is a Jew if he is one inwardly; and circumcision is circumcision of the heart, by the Spirit, not by the written code. Such a man's praise is not from men, but from God.

rely vi.의지하다 | approve vt.분간하다 | superior a.뛰어난 | instructed by the law 율법의 교훈을 받아 | convince vt.확신시키다 | blind a.눈먼 | instructor n.교사 | infants n.유아들 | embodiment n.구체화 | preach vt.선포하다 | steal vt.훔치다 | commit adultery 간통하다 | abhor vt.혐오하다 | idols n.우상들 | rob vt.훔치다 | temples n.신전들 | brag vi.자랑하다 | dishonor n.불명예 | breaking the law 율법을 범함 | is blasphemed 모독을 받다 | Circumcision n.할례 | value n.가치 | observe vt.준수하다 | circumcise vt.할례를 베풀다 | requirements n.규례들 | physically ad.육체적으로 | lawbreaker n.범법자 | outwardly ad.외견상 | merely ad.단지, 다만 | inwardly ad.내부로 | praise n.칭찬, 찬양

Holy Tip

율법과 할례

율법대로 행하면 그가 받은 할례의 축복을 소유케 되지만 만일 율법을 범하면 그 육

체의 할례는 효력을 상실한다. 무할례자가 하나님의 율법을 지키면 그는 할례자와 같이 되는 것이다. 표면적(외적이며 형식적인) 유대인이 유대인이 아니고 표면적인 할례가 할례가 아니다. 오로지 영적인 유대인이 유대인이며 할례는 영으로 해야 하나니 하나님은 그러한 자들을 칭찬하신다.

3장

하나님의 미쁘심 (3:1-8)

1 **What advantage, then, is there in being a Jew,**
그런즉 유대인의 나음이 무엇이냐

What advantage, then, is there in being a Jew, **or what value is there in circumcision?**
그런즉 유대인의 나음이 무엇이며 할례의 유익이 무엇이냐

What advantage, then, is there in being a Jew, or what value is there in circumcision?

2 **Much in every way!**
범사에 많으니

Much in every way! **First of all,**
범사에 많으니 우선은

Much in every way! First of all, **they have been entrusted**

범사에 많으니 우선은 그들이 맡았음이니라

Much in every way! First of all, they have been entrusted **with the
very words of God.**

범사에 많으니 우선은 그들이 하나님의 말씀을 맡았음이니라

**Much in every way! First of all, they have been entrusted with
the very words of God.**

3 **What if some did not have faith**

어떤 자들이 믿지 아니하였으면 어찌하리요

What if some did not have faith? **Will their lack of faith**

어떤 자들이 믿지 아니하였으면 어찌하리요 그 믿지 아니함이

What if some did not have faith? Will their lack of faith **nullify God'
s faithfulness?**

어떤 자들이 믿지 아니하였으면 어찌하리요 그 믿지 아니함이 하나님의 미쁘심을 폐
하겠느냐

**What if some did not have faith? Will their lack of faith nullify
God' s faithfulness?**

4 **Not at all!**

그럴 수 없느니라

Not at all! Let **God be true, and every man a liar.**

그럴 수 없느니라 사람은 다 거짓되되 오직 하나님은 참되시다 할지어다

Not at all! Let God be true, and every man a liar. **As it is written:**

그럴 수 없느니라 사람은 다 거짓되되 오직 하나님은 참되시다 할지어다 기록된 바

Not at all! Let God be true, and every man a liar. As it is written:

"So that you may be proved right when you speak

그럴 수 없느니라 사람은 다 거짓되되 오직 하나님은 참되시다 할지어다 기록된 바 주께서 주의 말씀에 의롭다함을 얻으시고

Not at all! Let God be true, and every man a liar. As it is written: "So that you may be proved right when you speak **and prevail when you judge."**

그럴 수 없느니라 사람은 다 거짓되되 오직 하나님은 참되시다 할지어다 기록된 바 주께서 주의 말씀에 의롭다함을 얻으시고 판단 받으실 때에 이기려 하심이라함과 같으니라

Not at all! Let God be true, and every man a liar. As it is written: "So that you may be proved right when you speak and prevail when you judge."

5 **But if our unrighteousness brings out God' s righteousness more clearly,**

그러나 우리 불의가 하나님의 의를 드러나게 하면

But if our unrighteousness brings out God' s righteousness more clearly, **what shall we say?**

그러나 우리 불의가 하나님의 의를 드러나게 하면 무슨 말 하리요

But if our unrighteousness brings out God' s righteousness more clearly, what shall we say? **That God is unjust in bringing his wrath on us?**

그러나 우리 불의가 하나님의 의를 드러나게 하면 무슨 말 하리요 진노를 내리시는 하나님이 불의하시냐

But if our unrighteousness brings out God' s righteousness more clearly, what shall we say? That God is unjust in bringing his wrath on us? **(I am using a human argument.)**

그러나 우리 불의가 하나님의 의를 드러나게 하면 무슨 말 하리요 [내가 사람의 말하는 대로 말하노니] 진노를 내리시는 하나님이 불의하시냐

But if our unrighteousness brings out God's righteousness more clearly, what shall we say? That God is unjust in bringing his wrath on us? (I am using a human argument.)

6 **Certainly not! If that were so,**
결코 그렇지 아니하니라 만일 그러하면

Certainly not! If that were so, **how could God judge the world?**
결코 그렇지 아니하니라 만일 그러하면 하나님께서 어찌 세상을 심판하시리요

Certainly not! If that were so, how could God judge the world?

7 **Someone might argue, "If my falsehood enhances God's truthfulness and so increases his glory,**
그러나 나의 거짓말로 하나님의 참되심이 더 풍성하여 그의 영광이 되었다면

Someone might argue, "If my falsehood enhances God's truthfulness and so increases his glory, **why am I still condemned as a sinner?"**
그러나 나의 거짓말로 하나님의 참되심이 더 풍성하여 그의 영광이 되었다면 어찌 내가 죄인처럼 심판을 받으리오

Someone might argue, "If my falsehood enhances God's truthfulness and so increases his glory, why am I still condemned as a sinner?"

8 **Why not say—as we are being slanderously reported as saying**
우리가 이런 말을 한다고 하니

Why not say—as we are being slanderously reported as saying **and as some claim that we say—**
어떤 이들이 이렇게 비방하여 우리가 이런 말을 한다고 하니

Why not say—as we are being slanderously reported as saying and as some claim that we say—**"Let us do evil that good may result?"**

또는 그러면 선을 이루기 위하여 악을 행하자 하지 않겠느냐 어떤 이들이 이렇게 비방하여 우리가 이런 말을 한다고 하니

Why not say—as we are being slanderously reported as saying and as some claim that we say—"Let us do evil that good may result?" **Their condemnation is deserved.**

또는 그러면 선을 이루기 위하여 악을 행하자 하지 않겠느냐 어떤 이들이 이렇게 비방하여 우리가 이런 말을 한다고 하니 그들은 정죄 받는 것이 마땅하니라

Why not say—as we are being slanderously reported as saying and as some claim that we say—"Let us do evil that good may result?" Their condemnation is deserved.

79

advantage n.이점 | value n.유익, 가치 | been entrusted 위임받았다, 맡았다 | lack n.부족, 결핍 | nullify vt.무효로 하다 | faithfulness n.신실함 | prevail vi.능가하다 | argument n.논쟁 | certainly ad.확실히 | falsehood n.허위 | enhance vt.높이다 | truthfulness n.진실 | slanderously ad.비방적으로 | claim vt.요구하다 | deserve vt. ~할 만하다

의인은 하나도 없다 (3:9-20)

9 **What shall we conclude then?**

그러면 어떠하냐

What shall we conclude then? **Are we any better?**

그러면 어떠하냐 우리는 나으냐

What shall we conclude then? Are we any better? **Not at all!**

그러면 어떠하냐 우리는 나으냐 결코 아니라

What shall we conclude then? Are we any better? Not at all! **We have already made the charge**

그러면 어떠하냐 우리는 나으냐 결코 아니라 우리가 이미 선언하였느니라

What shall we conclude then? Are we any better? Not at all! We have already made the charge **that Jews and Gentiles alike are all under sin.**

그러면 어떠하냐 우리는 나으냐 결코 아니라 유대인이나 헬라인이나 다 죄 아래에 있다고 우리가 이미 선언하였느니라 (또는 그들만 못하뇨)

What shall we conclude then? Are we any better? Not at all! We have already made the charge that Jews and Gentiles alike are all under sin.

10 **As it is written:**

기록된 바

As it is written: **"There is no one righteous,**

기록된 바 의인은 없으니

As it is written: "There is no one righteous, **not even one;**

기록된 바 의인은 없으니 하나도 없으며

As it is written: "There is no one righteous, not even one;

11 **there is no one who understands,**

깨닫는 자도 없고

there is no one who understands, **no one who seeks God.**

깨닫는 자도 없고 하나님을 찾는 자도 없고

there is no one who understands, no one who seeks God.

12 **All have turned away,**
다 치우쳐

All have turned away, **they have together become worthless;**
다 치우쳐 함께 무익하게 되고

All have turned away, they have together become worthless; **there is no one who does good,**
다 치우쳐 함께 무익하게 되고 선을 행하는 자는 없나니

All have turned away, they have together become worthless; there is no one who does good, **not even one."**
다 치우쳐 함께 무익하게 되고 선을 행하는 자는 없나니 하나도 없도다

81

All have turned away, they have together become worthless; there is no one who does good, not even one."

13 **"Their throats are open graves;**
그들의 목구멍은 열린 무덤이요

"Their throats are open graves; **their tongues practice deceit."**
그들의 목구멍은 열린 무덤이요 그 혀로는 속임을 일삼으며

"Their throats are open graves; their tongues practice deceit." **"The poison of vipers is on their lips."**
그들의 목구멍은 열린 무덤이요 그 혀로는 속임을 일삼으며 그 입술에는 독사의 독이 있고

"Their throats are open graves; their tongues practice deceit." "The poison of vipers is on their lips."

14 **"Their mouths are full of cursing**

그 입에는 저주가 가득하고

"Their mouths are full of cursing **and bitterness."**

그 입에는 저주와 악독이 가득하고

"Their mouths are full of cursing and bitterness."

15 **"Their feet are swift**

그 발은 빠른지라

"Their feet are swift **to shed blood;**

그 발은 피 흘리는 데 빠른지라

"Their feet are swift to shed blood;

82

16 **ruin and misery**

파멸과 고생

ruin and misery **mark their ways,**

파멸과 고생이 그 길에 있어

ruin and misery mark their ways,

17 **and the way of peace**

평강의 길

and the way of peace **they do not know."**

평강의 길을 알지 못하였고

and the way of peace they do not know."

18 "There is no fear of God

하나님을 두려워함이 없느니라

"There is no fear of God **before their eyes.**"

그들의 눈앞에 하나님을 두려워함이 없느니라함과 같으니라

"There is no fear of God before their eyes."

19 Now we know that whatever the law says,

우리가 알거니와 무릇 율법이 말하는 바는

Now we know that whatever the law says, **it says to those who are under the law,**

우리가 알거니와 무릇 율법이 말하는 바는 율법 아래에 있는 자들에게 말하는 것이니

Now we know that whatever the law says, it says to those who are under the law, **so that every mouth may be silenced**

우리가 알거니와 무릇 율법이 말하는 바는 율법 아래에 있는 자들에게 말하는 것이니 이는 모든 입을 막고

Now we know that whatever the law says, it says to those who are under the law, so that every mouth may be silenced **and the whole world held accountable to God.**

우리가 알거니와 무릇 율법이 말하는 바는 율법 아래에 있는 자들에게 말하는 것이니 이는 모든 입을 막고 온 세상으로 하나님의 심판 아래에 있게 하려 함이라

Now we know that whatever the law says, it says to those who are under the law, so that every mouth may be silenced and the whole world held accountable to God.

20 Therefore no one will be declared righteous

그러므로 의롭다 하심을 얻을 육체가 없나니

Therefore no one will be dseclared righteous **in his sight by**

observing the law;

그러므로 율법의 행위로 그의 앞에 의롭다 하심을 얻을 육체가 없나니

Therefore no one will be declared righteous in his sight by observing the law; **rather, through the law we become conscious of sin.**

그러므로 율법의 행위로 그의 앞에 의롭다 하심을 얻을 육체가 없나니 율법으로는 죄를 깨달음이니라

Therefore no one will be declared righteous in his sight by observing the law; rather, through the law we become conscious of sin.

---

conclude vt.끝맺다 | charge vt.부담시키다 | seek vt.찾다 | worthless a.가치 없는 | throats n.목구멍들 | grave n.무덤 | tongues n.혀들 | deceit n.사기 | poison n.독 | vipers n.독살무사들 | lips n.입술 | cursing n.저주 | bitterness n.악독 | swift a.빠른 | shed vt.흘리다 | blood n.피 | ruin n.파멸 | misery n.비참함 | mark vi.표를 하다 | accountable a.책임이 있는 | observing a.관찰하는 | conscious a.깨닫는

믿음으로 말미암는 의 (3:21-31)

21 **But now a righteousness from God,**

이제는 하나님의 한 의가

But now a righteousness from God, **apart from law,**

이제는 율법 외에 하나님의 한 의가

But now a righteousness from God, apart from law, **has been made known,**

이제는 율법 외에 하나님의 한 의가 나타났으니

But now a righteousness from God, apart from law, has been made known, **to which the Law and the Prophets testify.**

이제는 율법 외에 하나님의 한 의가 나타났으니 율법과 선지자들에게 증거를 받은 것이라

But now a righteousness from God, apart from law, has been made known, to which the Law and the Prophets testify.

22 **This righteousness from God**

하나님의 의

This righteousness from God **comes through faith in Jesus Christ to all who believe.**

곧 예수 그리스도를 믿음으로 말미암아 모든 믿는 자에게 미치는 하나님의 의니

85

This righteousness from God comes through faith in Jesus Christ to all who believe. **There is no difference,**

곧 예수 그리스도를 믿음으로 말미암아 모든 믿는 자에게 미치는 하나님의 의니 차별이 없느니라

This righteousness from God comes through faith in Jesus Christ to all who believe. There is no difference,

23 **for all have sinned**

모든 사람이 죄를 범하였으매

for all have sinned **and fall short of the glory of God,**

모든 사람이 죄를 범하였으매 하나님의 영광에 이르지 못하더니

for all have sinned and fall short of the glory of God,

24 **and are justified freely by his grace**
하나님의 은혜로 값 없이 의롭다 하심을 얻은 자 되었느니라

and are justified freely by his grace **through the redemption** that came by Christ Jesus.
속량으로 말미암아 하나님의 은혜로 값 없이 의롭다 하심을 얻은 자 되었느니라

and are justified freely by his grace through the redemption that came by Christ Jesus.
그리스도 예수 안에 있는 속량으로 말미암아 하나님의 은혜로 값 없이 의롭다 하심을 얻은 자 되었느니라

and are justified freely by his grace through the redemption that came by Christ Jesus.

86

25 **God presented him as a sacrifice of atonement,**
이 예수를 하나님이 화목제물로 세우셨으니

God presented him as a sacrifice of atonement, **through faith in his blood.**
이 예수를 하나님이 그의 피로써 믿음으로 말미암는 화목제물로 세우셨으니

God presented him as a sacrifice of atonement, through faith in his blood. **He did this to demonstrate his justice,**
이 예수를 하나님이 그의 피로써 믿음으로 말미암는 화목제물로 세우셨으니 이는 하나님께서 자기의 의로우심을 나타내려 하심이니

God presented him as a sacrifice of atonement, through faith in his blood. He did this to demonstrate his justice, **because in his forbearance**
이 예수를 하나님이 그의 피로써 믿음으로 말미암는 화목제물로 세우셨으니 이는 하나님께서 길이 참으시는 중에 자기의 의로우심을 나타내려 하심이니

God presented him as a sacrifice of atonement, through faith in his blood. He did this to demonstrate his justice, because in his forbearance **he had left the sins committed beforehand unpunished—**

이 예수를 하나님이 그의 피로써 믿음으로 말미암는 화목제물로 세우셨으니 이는 하나님께서 길이 참으시는 중에 전에 지은 죄를 간과하심으로 자기의 의로우심을 나타내려 하심이니 (또는 그의 피를 믿음으로 말미암는 화목 제물로 세우셨으니)

God presented him as a sacrifice of atonement, through faith in his blood. He did this to demonstrate his justice, because in his forbearance he had left the sins committed beforehand unpunished—

26 **he did it to demonstrate his justice**

자기의 의로우심을 나타내사

he did it to demonstrate his justice **at the present time,**

곧 이 때에 자기의 의로우심을 나타내사

he did it to demonstrate his justice at the present time, **so as to be just and the one who justifies**

곧 이 때에 자기의 의로우심을 나타내사 자기도 의로우시며

he did it to demonstrate his justice at the present time, so as to be just and the one who justifies **those who have faith in Jesus.**

곧 이 때에 자기의 의로우심을 나타내사 자기도 의로우시며 또한 예수 믿는 자를 의롭다 하려 하심이라

he did it to demonstrate his justice at the present time, so as to be just and the one who justifies those who have faith in Jesus.

27 **Where, then, is boasting?**

그런즉 자랑할 데가 어디냐

Where, then, is boasting? **It is excluded.**

그런즉 자랑할 데가 어디냐 있을 수가 없느니라

Where, then, is boasting? It is excluded. **On what principle? On that of observing the law?**

그런즉 자랑할 데가 어디냐 있을 수가 없느니라 무슨 법으로냐 행위로냐

Where, then, is boasting? It is excluded. On what principle? On that of observing the law? **No, but on that of faith.**

그런즉 자랑할 데가 어디냐 있을 수가 없느니라 무슨 법으로냐 행위로냐 아니라 오직 믿음의 법으로니라

Where, then, is boasting? It is excluded. On what principle? On that of observing the law? No, but on that of faith.

28 **For we maintain that a man is justified**

그러므로 사람이 의롭다 하심을 얻는 것은

For we maintain that a man is justified **by faith**

그러므로 사람이 의롭다 하심을 얻는 것은 믿음으로 되는 줄 우리가 인정하노라

For we maintain that a man is justified by faith **apart from observing the law.**

그러므로 사람이 의롭다 하심을 얻는 것은 율법의 행위에 있지 않고 믿음으로 되는 줄 우리가 인정하노라

For we maintain that a man is justified by faith apart from observing the law.

29 **Is God the God of Jews only?**

하나님은 다만 유대인의 하나님이시냐

Is God the God of Jews only? **Is he not the God of Gentiles too?**

하나님은 다만 유대인의 하나님이시냐 또한 이방인의 하나님은 아니시냐

Is God the God of Jews only? Is he not the God of Gentiles too?
Yes, of Gentiles too,

하나님은 다만 유대인의 하나님이시냐 또한 이방인의 하나님은 아니시냐 진실로 이방인의 하나님도 되시느니라

Is God the God of Jews only? Is he not the God of Gentiles too? Yes, of Gentiles too,

30 since there is only one God,

하나님은 한 분이시니라

since there is only one God, **who will justify the circumcised by faith**

할례자도 믿음으로 말미암아 의롭다 하실 하나님은 한 분이시니라

since there is only one God, who will justify the circumcised by faith **and the uncircumcised through that same faith.**

할례자도 믿음으로 말미암아 또한 무할례자도 믿음으로 말미암아 의롭다 하실 하나님은 한 분이시니라

89

since there is only one God, who will justify the circumcised by faith and the uncircumcised through that same faith.

31 Do we, then, nullify the law by this faith?

그런즉 우리가 믿음으로 말미암아 율법을 파기하느냐

Do we, then, nullify the law by this faith? **Not at all! Rather, we uphold the law.**

그런즉 우리가 믿음으로 말미암아 율법을 파기하느냐 그럴 수 없느니라 도리어 율법을 굳게 세우느니라

Do we, then, nullify the law by this faith? Not at all! Rather, we uphold the law.

Prophets n.선지자들 | testify vi.증명하다 | justify vt.의롭게 하다 | redemption n. 속량 | sacrifice n.산 제물을 바침 | atonement n.속죄 | demonstrate vt.나타내다 | justice n.공의 | forbearance n.인내 | committed vt.위탁했다 | beforehand ad.미리 | unpunished a.형벌을 면한 | boasting 자랑하는 | excluded vt.배제했다 | principle n.원리, 법 | maintain vt.지속하다 | nullify vt.무효로 하다 | Rather ad.오히려 | uphold vt.지지하다

90

하나님이 우리를 의롭다 하심은

율법의 행위로 인해 하나님 앞에서 의롭다 하심을 입을 육체가 없다. 율법은 사람으로 하여금 자신의 연약함을 알게 하고 죄를 깨닫게 하는 것이다. 율법을 다 지키는 것이 하나님이 인정하시는 의가 아니다. 하나님의 의는 사람이 하나님의 아들 그리스도 예수를 믿음으로 말미암아 그 믿는 자에게 미치는 하나님의 의다. 모든 사람이 죄를 범했으므로 하나님의 영광에 이르지 못했으나 그 아들이 십자가에서 죽으심으로 인해 속량됨으로 우리는 그의 은혜로 의롭다 하심을 얻은 자가 되었다. 그런즉 그의 아들을 믿는 믿음이 의롭다 함을 받게 되는 것이다. 그러므로 사람이 의롭다 하심을 얻는 것은 율법의 행위에 있지 않고 하나님의 아들을 믿는 믿음으로 되는 것이다. 그렇다고 해서 그 믿음이 율법을 파기하는 것이 아니다. 도리어 그 율법을 굳게 세운다. 그 율법을 지키는 것이 의에 이르는 길은 아니지만 그리스도를 믿어 의롭다 하심을 받은 자들은 그 그리스도 안에서 모든 것을 가능케 하시는 하나님의 은혜로 그 율법을 순종하게 된다. 그들은 그 순종으로 하나님의 법을 완성한다. 그리고 그 하나님의 법을 순종함은 복의 길과 닿아 있다.

유대인의 나음과 할례의 유익은 그들에게 하나님의 말씀이 주어졌기 때문이다. 하나님의 말씀이 주어진 것은 그 말씀을 순종케 하려 함이다.

This righteousness from God comes through faith in Jesus Christ to all who believe.

4장

믿음으로 의롭다 함을 얻은 아브라함 (4:1-25)

1 **What then shall we say that Abraham, our forefather, discovered in this matter?**

그런즉 육신으로 우리 조상인 아브라함이 무엇을 얻었다 하리요

What then shall we say that Abraham, our forefather, discovered in this matter?

2 **If, in fact, Abraham was justified by works,**

만일 아브라함이 행위로써 의롭다 하심을 받았으면

If, in fact, Abraham was justified by works, **he had something to boast about—**

만일 아브라함이 행위로써 의롭다 하심을 받았으면 자랑할 것이 있으려니와

If, in fact, Abraham was justified by works, he had something to boast about—**but not before God.**

만일 아브라함이 행위로써 의롭다 하심을 받았으면 자랑할 것이 있으려니와 하나님 앞에서는 없느니라

If, in fact, Abraham was justified by works, he had something to boast about—but not before God.

3 What does the Scripture say?
성경이 무엇을 말하느냐

What does the Scripture say? **"Abraham believed God,**
성경이 무엇을 말하느냐 아브라함이 하나님을 믿으매

What does the Scripture say? "Abraham believed God, **and it was credited to him as righteousness."**
성경이 무엇을 말하느냐 아브라함이 하나님을 믿으매 그것이 그에게 의로 여겨진바 되었느니라

What does the Scripture say? "Abraham believed God, and it was credited to him as righteousness."

4 Now when a man works,
일하는 자에게는

Now when a man works, **his wages are not credited to him as a gift,**
일하는 자에게는 그 삯이 은혜로 여겨지지 아니하고

Now when a man works, his wages are not credited to him as a gift, **but as an obligation.**
일하는 자에게는 그 삯이 은혜로 여겨지지 아니하고 보수로 여겨지거니와

Now when a man works, his wages are not credited to him as a gift, but as an obligation.

5 However, to the man who does not work

일을 아니할지라도

However, to the man who does not work **but trusts God who justifies the wicked,**

일을 아니할지라도 경건하지 아니한 자를 의롭다 하시는 이를 믿는 자에게는

However, to the man who does not work but trusts God who justifies the wicked, **his faith is credited as righteousness.**

일을 아니할지라도 경건하지 아니한 자를 의롭다 하시는 이를 믿는 자에게는 그의 믿음을 의로 여기시나니

However, to the man who does not work but trusts God who justifies the wicked, his faith is credited as righteousness.

6 David says the same thing

다윗이 말한 바

David says the same thing **when he speaks of the blessedness of the man**

사람의 복에 대하여 다윗이 말한 바

David says the same thing when he speaks of the blessedness of the man **to whom God credits righteousness**

하나님께 의로 여기심을 받는 사람의 복에 대하여 다윗이 말한 바

David says the same thing when he speaks of the blessedness of the man to whom God credits righteousness **apart from works:**

일한 것이 없이 하나님께 의로 여기심을 받는 사람의 복에 대하여 다윗이 말한 바

David says the same thing when he speaks of the blessedness of the man to whom God credits righteousness apart from works:

7 "Blessed are they whose transgressions are forgiven,

불법이 사함을 받는 사람들은 복이 있고

"Blessed are they whose transgressions are forgiven, **whose sins are covered.**

불법이 사함을 받고 죄가 가리어짐을 받는 사람들은 복이 있고

"Blessed are they whose transgressions are forgiven, whose sins are covered.

8 Blessed is the man

복이 있도다

Blessed is the man **whose sin the Lord will never count against him."**

주께서 그 죄를 인정하지 아니하실 사람은 복이 있도다 함과 같으니라

Blessed is the man whose sin the Lord will never count against him."

9 Is this blessedness only for the circumcised,

그런즉 이 복이 할례자에게냐

Is this blessedness only for the circumcised, **or also for the uncircumcised?**

그런즉 이 복이 할례자에게냐 혹은 무할례자에게도냐

Is this blessedness only for the circumcised, or also for the uncircumcised? **We have been saying**

그런즉 이 복이 할례자에게냐 혹은 무할례자에게도냐 무릇 우리가 말하기를

Is this blessedness only for the circumcised, or also for the uncircumcised? We have been saying **that Abraham's faith was credited to him as righteousness.**

그런즉 이 복이 할례자에게냐 혹은 무할례자에게도냐 무릇 우리가 말하기를 아브라함에게는 그 믿음이 의로 여겨졌다 하노라

Is this blessedness only for the circumcised, or also for the uncircumcised? We have been saying that Abraham's faith was credited to him as righteousness.

10 **Under what circumstances was it credited?**

그런즉 그것이 어떻게 여겨졌느냐

Under what circumstances was it credited? **Was it after he was circumcised,**

그런즉 그것이 어떻게 여겨졌느냐 할례시냐

Under what circumstances was it credited? Was it after he was circumcised, **or before? It was not after, but before!**

그런즉 그것이 어떻게 여겨졌느냐 할례시냐 무할례시냐 할례시가 아니요 무할례시니라

Under what circumstances was it credited? Was it after he was circumcised, or before? It was not after, but before!

11 **And he received the sign of circumcision,**

그가 할례의 표를 받은 것은

And he received the sign of circumcision, **a seal of the righteousness that he had by faith**

그가 할례의 표를 받은 것은 믿음으로 된 의를 인친 것이니

And he received the sign of circumcision, a seal of the righteousness that he had by faith **while he was still uncircumcised.**

그가 할례의 표를 받은 것은 무할례시에 믿음으로 된 의를 인친 것이니

95

And he received the sign of circumcision, a seal of the righteousness that he had by faith while he was still uncircumcised. **So then, he is the father of all who believe**

그가 할례의 표를 받은 것은 무할례시에 믿음으로 된 의를 인친 것이니 믿는 모든 자의 조상이 되어

And he received the sign of circumcision, a seal of the righteousness that he had by faith while he was still uncircumcised. So then, he is the father of all who believe **but have not been circumcised,**

그가 할례의 표를 받은 것은 무할례시에 믿음으로 된 의를 인친 것이니 이는 무할례자로서 믿는 모든 자의 조상이 되어

And he received the sign of circumcision, a seal of the righteousness that he had by faith while he was still uncircumcised. So then, he is the father of all who believe but have not been circumcised, **in order that righteousness might be credited to them.**

그가 할례의 표를 받은 것은 무할례시에 믿음으로 된 의를 인친 것이니 이는 무할례자로서 믿는 모든 자의 조상이 되어 그들도 의로 여기심을 얻게 하려 하심이라

And he received the sign of circumcision, a seal of the righteousness that he had by faith while he was still uncircumcised. So then, he is the father of all who believe but have not been circumcised, in order that righteousness might be credited to them.

And he is also the father of the circumcised

또한 할례자의 조상이 되었나니

And he is also the father of the circumcised **who not only are circumcised**

또한 할례자의 조상이 되었나니 곧 할례 받을 자에게뿐 아니라

And he is also the father of the circumcised who not only are circumcised **but who also walk in the footsteps of the faith**

또한 할례자의 조상이 되었나니 곧 할례 받을 자에게뿐 아니라 믿음의 자취를 따르는 자들에게도 그러하니라

And he is also the father of the circumcised who not only are circumcised but who also walk in the footsteps of the faith **that our father Abraham had**

또한 할례자의 조상이 되었나니 곧 할례 받을 자에게뿐 아니라 우리 조상 아브라함이 가졌던 믿음의 자취를 따르는 자들에게도 그러하니라

And he is also the father of the circumcised who not only are circumcised but who also walk in the footsteps of the faith that our father Abraham had **before he was circumcised.**

또한 할례자의 조상이 되었나니 곧 할례 받을 자에게뿐 아니라 우리 조상 아브라함이 무할례시에 가졌던 믿음의 자취를 따르는 자들에게도 그러하니라

And he is also the father of the circumcised who not only are circumcised but who also walk in the footsteps of the faith that our father Abraham had before he was circumcised.

97

13 **It was not through law**

율법으로 말미암은 것이 아니요

It was not through law **that Abraham and his offspring received the promise**

아브라함이나 그 후손에게 하신 언약은 율법으로 말미암은 것이 아니요

It was not through law that Abraham and his offspring received the promise **that he would be heir of the world,**

아브라함이나 그 후손에게 세상의 상속자가 되리라고 하신 언약은 율법으로 말미암은 것이 아니요

It was not through law that Abraham and his offspring received the promise that he would be heir of the world, **but through the**

righteousness that comes by faith.

아브라함이나 그 후손에게 세상의 상속자가 되리라고 하신 언약은 율법으로 말미암은 것이 아니요 오직 믿음의 의로 말미암은 것이니라

It was not through law that Abraham and his offspring received the promise that he would be heir of the world, but through the righteousness that comes by faith.

14 **For if those who live by law are heirs,**

만일 율법에 속한 자들이 상속자이면

For if those who live by law are heirs, **faith has no value**

만일 율법에 속한 자들이 상속자이면 믿음은 헛것이 되고

For if those who live by law are heirs, faith has no value **and the promise is worthless,**

만일 율법에 속한 자들이 상속자이면 믿음은 헛것이 되고 약속은 파기되었느니라

For if those who live by law are heirs, faith has no value and the promise is worthless,

15 **because law brings wrath.**

율법은 진노를 이루게 하나니

because law brings wrath. **And where there is no law**

율법은 진노를 이루게 하나니 율법이 없는 곳에는

because law brings wrath. And where **there is no law there is no transgression.**

율법은 진노를 이루게 하나니 율법이 없는 곳에는 범법도 없느니라

because law brings wrath. And where there is no law there is no transgression.

Therefore, the promise comes by faith, so that it may be by grace

그러므로 상속자가 되는 그것이 은혜에 속하기 위하여 믿음으로 되나니

Therefore, the promise comes by faith, so that it may be by grace **and may be guaranteed to all Abraham' s offspring—**

그러므로 상속자가 되는 그것이 은혜에 속하기 위하여 믿음으로 되나니 이는 그 약속을 그 모든 후손에게 굳게 하려 하심이라

Therefore, the promise comes by faith, so that it may be by grace and may be guaranteed to all Abraham' s offspring—**not only to those who are of the law**

그러므로 상속자가 되는 그것이 은혜에 속하기 위하여 믿음으로 되나니 이는 그 약속을 그 모든 후손에게 굳게 하려 하심이라 율법에 속한 자에게뿐만 아니라

Therefore, the promise comes by faith, so that it may be by grace and may be guaranteed to all Abraham' s offspring—not only to those who are of the law **but also to those who are of the faith of Abraham.**

그러므로 상속자가 되는 그것이 은혜에 속하기 위하여 믿음으로 되나니 이는 그 약속을 그 모든 후손에게 굳게 하려 하심이라 율법에 속한 자에게뿐만 아니라 아브라함의 믿음에 속한 자에게도 그리하니

Therefore, the promise comes by faith, so that it may be by grace and may be guaranteed to all Abraham' s offspring—not only to those who are of the law but also to those who are of the faith of Abraham. **He is the father of us all.**

그러므로 상속자가 되는 그것이 은혜에 속하기 위하여 믿음으로 되나니 이는 그 약속을 그 모든 후손에게 굳게 하려 하심이라 율법에 속한 자에게뿐만 아니라 아브라함의 믿음에 속한 자에게도 그리하니 아브라함은 우리 모든 사람의 조상이라

Therefore, the promise comes by faith, so that it may be by grace and may be guaranteed to all Abraham' s offspring—not only to those who are of the law but also to those who are of the faith of Abraham. He is the father of us all.

17 **As it is written:**

기록된 바

As it is written: **"I have made you a father of many nations."**

기록된 바 내가 너를 많은 민족의 조상으로 세웠다 하심과 같으니

As it is written: "I have made you a father of many nations."
He is our father in the sight of God, (한글 성경엔 이 부분이 없음)

As it is written: "I have made you a father of many nations." He is
our father in the sight of God, **in whom he believed—**

기록된 바 내가 너를 많은 민족의 조상으로 세웠다 하심과 같으니 그가 믿은 바

As it is written: "I have made you a father of many nations." He is
our father in the sight of God, in whom he believed—**the God who
gives life to the dead**

기록된 바 내가 너를 많은 민족의 조상으로 세웠다 하심과 같으니 그가 믿은 바 하나
님은 죽은 자를 살리시며

As it is written: "I have made you a father of many nations." He is
our father in the sight of God, in whom he believed—the God who
gives life to the dead **and calls things that are not as though
they were.**

기록된바 내가 너를 많은 민족의 조상으로 세웠다 하심과 같으니 그가 믿은 바 하나
님은 죽은 자를 살리시며 없는 것을 있는 것으로 부르시는 이시니라

**As it is written: "I have made you a father of many nations." He
is our father in the sight of God, in whom he believed—the God
who gives life to the dead and calls things that are not as
though they were.**

18 **Against all hope, Abraham in hope believed**

아브라함이 바랄 수 없는 중에 바라고 믿었으니

Against all hope, Abraham in hope believed **and so became the**

father of many nations,

아브라함이 바랄 수 없는 중에 바라고 믿었으니 많은 민족의 조상이 되게 하려 하심이라

Against all hope, Abraham in hope believed and so became the father of many nations, **just as it had been said to him,**

아브라함이 바랄 수 없는 중에 바라고 믿었으니 하신 말씀대로 많은 민족의 조상이 되게 하려 하심이라

Against all hope, Abraham in hope believed and so became the father of many nations, just as it had been said to him, **"So shall your offspring be."**

아브라함이 바랄 수 없는 중에 바라고 믿었으니 이는 네 후손이 이 같으리라 하신 말씀대로 많은 민족의 조상이 되게 하려 하심이라

Against all hope, Abraham in hope believed and so became the father of many nations, just as it had been said to him, "So shall your offspring be."

19 Without weakening in his faith,

믿음이 약하여지지 아니하고

Without weakening in his faith, **he faced the fact that his body was as good as dead—**

자기 몸이 죽은 것 같아도 믿음이 약하여지지 아니하고

Without weakening in his faith, he faced the fact that his body was as good as dead—**since he was about a hundred years old—**

그가 백세나 되어 자기 몸이 죽은 것 같아도 믿음이 약하여지지 아니하고

Without weakening in his faith, he faced the fact that his body was as good as dead—since he was about a hundred years old—**and that Sarah's womb was also dead.**

그가 백세나 되어 자기 몸이 죽은 것 같고 사라의 태가 죽은 것 같음을 알고도 믿음이 약하여지지 아니하고

Without weakening in his faith, he faced the fact that his body was as good as dead—since he was about a hundred years old—and that Sarah's womb was also dead.

20 **Yet he did not waver through unbelief**

믿음이 없어 의심하지 않고

Yet he did not waver through unbelief **regarding the promise of God,**

믿음이 없어 하나님의 약속을 의심하지 않고

Yet he did not waver through unbelief regarding the promise of God, **but was strengthened in his faith**

믿음이 없어 하나님의 약속을 의심하지 않고 믿음으로 견고하여져서

Yet he did not waver through unbelief regarding the promise of God, but was strengthened in his faith **and gave glory to God,**

믿음이 없어 하나님의 약속을 의심하지 않고 믿음으로 견고하여져서 하나님께 영광을 돌리며

Yet he did not waver through unbelief regarding the promise of God, but was strengthened in his faith and gave glory to God,

21 **being fully persuaded**

확신하였으니

being fully persuaded **that God had power to do**

또한 능히 이루실 줄을 확신하였으니

being fully persuaded that God had power to do **what he had promised.**

약속하신 그것을 또한 능히 이루실 줄을 확신하였으니

being fully persuaded that God had power to do what he had

promised.

22 **This is why**
그러므로

This is why **"it was credited to him as righteousness."**
그러므로 그것이 그에게 의로 여겨졌느니라

This is why "it was credited to him as righteousness."

23 **The words "it was credited to him"**
그에게 의로 여겨졌다 기록된 것은

The words "it was credited to him" **were written not for him alone,**
그에게 의로 여겨졌다 기록된 것은 아브라함만 위한 것이 아니요

The words "it was credited to him" were written not for him alone,

24 **but also for us,**
우리도 위함이니

but also for us, **to whom God will credit righteousness—**
의로 여기심을 받을 우리도 위함이니

but also for us, to whom God will credit righteousness—**for us who believe in him**
의로 여기심을 받을 우리도 위함이니 이를 믿는 자니라

but also for us, to whom God will credit righteousness—for us who believe in him **who raised Jesus our Lord from the dead.**
의로 여기심을 받을 우리도 위함이니 곧 예수 우리 주를 죽은 자 가운데서 살리신 이

를 믿는 자니라

but also for us, to whom God will credit righteousness—for us who believe in him who raised Jesus our Lord from the dead.

25 He was delivered over to death for our sins

예수는 우리가 범죄한 것 때문에 내줌이 되고

He was delivered over to death for our sins **and was raised to life for our justification.**

예수는 우리가 범죄한 것 때문에 내줌이 되고 또한 우리를 의롭다 하시기 위하여 살아나셨느니라

He was delivered over to death for our sins and was raised to life for our justification.

104

---

forefather n.조상 | discover vt.발견하다 | credit n.신용, vt.믿다 | boast vt.자랑하다 | obligation n.의무 | wicked a.사악한 | Blessed a.복이 있는 | transgressions n.허물, 불법 | against a.-에 반대하여 | blessedness n.축복받음 | circumcised a.할례 받은 | circumstance n.환경 | footstep n.발소리, 자취 | offspring n.후손 | heir n.상속인 | guaranteed a.보증이 된 | weakening n.약해짐 | face vt.직면하다 | hundred n.백 | Sarah's a.사라의 | womb n.자궁 | waver vi.흔들리다 | unbelief n.불신앙 | regarding n.고려 | strengthen vt.강해지다 | persuad vt.확신시키다 | deliver vt.넘겨주다 | justification n.칭의

아브라함이 의인으로 인정된 것은

그것은 그의 믿음이었다. 그가 어떠한 경우에도 그의 하나님을 신뢰했기 때문에 그는 의인으로 인정되었다. 그의 몸이 늙고 그 아내의 몸속에 태가 죽은 것을 알고도 하나님이 하신 말씀을 의심치 않고 믿었기에 그는 하나님의 사람으로 하나님께 영광을 드렸다. 아버지와 자식은 그 관계성으로 가족이 된 것이지 아들이 아버지를 향한 그 어떤 행위로 인한 것이 아니다. 물론 아버지의 아들은 그 아버지의 말씀을 지킨다. 아브라함이 하나님께 의인으로 인정된 것은 할례 받기 전의 일이었다. 율법은 관계를 앞지르지 못한다. 마찬가지로 이제 모든 믿는 자의 의로운 행동은 하나님의 아들 그리스도를 믿는 일이다. 하나님의 일을 믿는 일이다. '그리스도는 우리의 범죄함으로 인해 십자가에 내줌이 되고 그를 믿는 우리를 의롭다 하시기 위해 다시 살아나셨다.'

y Bible

5장

화평과 기쁨 (5:1-11)

1

Therefore, since we have been justified through faith,
그러므로 우리가 믿음으로 의롭다 하심을 받았으니

Therefore, since we have been justified through faith, **we have peace with God**
그러므로 우리가 믿음으로 의롭다 하심을 받았으니 하나님과 화평을 누리자

Therefore, since we have been justified through faith, we have peace with God **through our Lord Jesus Christ,**

그러므로 우리가 믿음으로 의롭다 하심을 받았으니 우리 주 예수 그리스도로 말미암아 하나님과 화평을 누리자

Therefore, since we have been justified through faith, we have peace with God through our Lord Jesus Christ,

2 **through whom we have gained access**

또한 그로 말미암아 우리가 들어감을 얻었으며

through whom we have gained access **by faith into this grace in which we now stand.**

또한 그로 말미암아 우리가 믿음으로 서 있는 이 은혜에 들어감을 얻었으며

through whom we have gained access by faith into this grace in which we now stand. **And we rejoice in the hope**

또한 그로 말미암아 우리가 믿음으로 서 있는 이 은혜에 들어감을 얻었으며 바라고 즐거워하느니라

through whom we have gained access by faith into this grace in which we now stand. And we rejoice in the hope **of the glory of God.**

또한 그로 말미암아 우리가 믿음으로 서 있는 이 은혜에 들어감을 얻었으며 하나님의 영광을 바라고 즐거워하느니라

through whom we have gained access by faith into this grace in which we now stand. And we rejoice in the hope of the glory of God.

3 **Not only so,**

다만 이뿐 아니라

Not only so, **but we also rejoice in our sufferings,**

다만 이뿐 아니라 우리가 환난 중에도 즐거워하나니

Not only so, but we also rejoice in our sufferings, **because we know that suffering produces perseverance;**

다만 이뿐 아니라 우리가 환난 중에도 즐거워하나니 이는 환난은 인내를,

Not only so, but we also rejoice in our sufferings, because we know that suffering produces perseverance;

perseverance, character;

인내는 연단을,

perseverance, character; **and character, hope.**

인내는 연단을, 연단은 소망을 이루는 줄 앎이로다

perseverance, character; and character, hope.

And hope does not disappoint us,

소망이 우리를 부끄럽게 하지 아니함은

And hope does not disappoint us, **because God has poured out his love into our hearts**

소망이 우리를 부끄럽게 하지 아니함은 하나님의 사랑이 우리 마음에 부은 바 됨이니

And hope does not disappoint us, because God has poured out his love into our hearts **by the Holy Spirit,**

소망이 우리를 부끄럽게 하지 아니함은 성령으로 말미암아 하나님의 사랑이 우리 마음에 부은 바 됨이니

And hope does not disappoint us, because God has poured out his love into our hearts by the Holy Spirit, **whom he has given us.**

소망이 우리를 부끄럽게 하지 아니함은 우리에게 주신 성령으로 말미암아 하나님의 사랑이 우리 마음에 부은 바 됨이니

And hope does not disappoint us, because God has poured

out his love into our hearts by the Holy Spirit, whom he has given us.

6 **You see, at just the right time,**

기약대로

You see, at just the right time, **when we were still powerless,**

우리가 아직 연약할 때에 기약대로

You see, at just the right time, when we were still powerless, **Christ died for the ungodly.**

우리가 아직 연약할 때에 기약대로 그리스도께서 경건하지 않은 자를 위하여 죽으셨도다

You see, at just the right time, when we were still powerless, Christ died for the ungodly.

108

7 **Very rarely will anyone die for a righteous man,**

의인을 위하여 죽는 자가 쉽지 않고

Very rarely will anyone die for a righteous man, **though for a good man someone might possibly dare to die.**

의인을 위하여 죽는 자가 쉽지 않고 선인을 위하여 용감히 죽는 자가 혹 있거니와

Very rarely will anyone die for a righteous man, though for a good man someone might possibly dare to die.

8 **But God demonstrates his own love for us in this:**

하나님께서 우리에 대한 자기의 사랑을 확증하셨느니라

But God demonstrates his own love for us in this: **While we were still sinners,**

우리가 아직 죄인 되었을 때에 하나님께서 우리에 대한 자기의 사랑을 확증하셨느니라

But God demonstrates his own love for us in this: While we were still sinners, **Christ died for us.**

우리가 아직 죄인 되었을 때에 그리스도께서 우리를 위하여 죽으심으로 하나님께서 우리에 대한 자기의 사랑을 확증하셨느니라

But God demonstrates his own love for us in this: While we were still sinners, Christ died for us.

9 **Since we have now been justified**

그러면 이제 우리가 의롭다 하심을 받았으니

Since we have now been justified **by his blood,**

그러면 이제 우리가 그의 피로 말미암아 의롭다 하심을 받았으니

109

Since we have now been justified by his blood, **how much more shall we be saved**

그러면 이제 우리가 그의 피로 말미암아 의롭다 하심을 받았으니 구원을 받을 것이니

Since we have now been justified by his blood, how much more shall we be saved **from God's wrath through him!**

그러면 이제 우리가 그의 피로 말미암아 의롭다 하심을 받았으니 더욱 그로 말미암아 진노하심에서 구원을 받을 것이니

Since we have now been justified by his blood, how much more shall we be saved from God's wrath through him!

10 **For if, when we were God's enemies,**

곧 우리가 (하나님의) 원수 되었을 때에

For if, when we were God's enemies, **we were reconciled to him**

곧 우리가 원수 되었을 때에 하나님과 화목하게 되었은즉

For if, when we were God's enemies, we were reconciled to him **through the death of his Son,**

곧 우리가 원수 되었을 때에 그의 아들의 죽으심으로 말미암아 하나님과 화목하게 되었은즉

For if, when we were God's enemies, we were reconciled to him through the death of his Son, **how much more, having been reconciled,**

곧 우리가 원수 되었을 때에 그의 아들의 죽으심으로 말미암아 하나님과 화목하게 되었은즉 화목하게 된 자로서는 더욱

For if, when we were God's enemies, we were reconciled to him through the death of his Son, how much more, having been reconciled, **shall we be saved through his life!**

곧 우리가 원수 되었을 때에 그의 아들의 죽으심으로 말미암아 하나님과 화목하게 되었은즉 화목하게 된 자로서는 더욱 그의 살아나심으로 말미암아 구원을 받을 것이니라

110

For if, when we were God's enemies, we were reconciled to him through the death of his Son, how much more, having been reconciled, shall we be saved through his life!

11 **Not only is this so,**

그뿐 아니라

Not only is this so, **but we also rejoice in God**

그뿐 아니라 하나님 안에서 또한 즐거워하느니라

Not only is this so, but we also rejoice in God **through our Lord Jesus Christ,**

그뿐 아니라 우리 주 예수 그리스도로 말미암아 하나님 안에서 또한 즐거워하느니라

Not only is this so, but we also rejoice in God through our Lord Jesus Christ, **through whom we have now received reconciliation.**

그뿐 아니라 이제 우리로 화목하게 하신 우리 주 예수 그리스도로 말미암아 하나님 안에서 또한 즐거워하느니라

Not only is this so, but we also rejoice in God through our Lord Jesus Christ, through whom we have now received reconciliation.

---

access n.접근 | suffering n.환란 | produce vt.생산하다 | perseverance n.인내 | character n.기개, 연단 | disappoint vt.실망시키다 | pour vt.붓다 | powerless a.힘 없는 | ungodly a.신앙심이 없는 | rarely ad.드물게 | possibly ad.아마 | dare v.감히 -하다 | demonstrates vt.나타내다 | wrath n.진노 | enemies n.원수들 | reconcile vt.화해시키다 | reconciliation n.화해

믿음과 화평, 그리고 기쁨

우리가 믿음으로 의롭다하심을 받았으니–우리의 행위가 아니다–예수 그리스 도와 더불어 화평을 누린다. 그 화평은 우리의 행위로부터 온 것이 아니니 우 리의 잘못할 행위로 인해 다시 그 관계가 깨어지지 않는다. 그래서 그 화평은 우리에게 즐거움을 준다. 심지어 우리가 당하는 환란 중에도 즐거워할 수 있으 니 그것은 환란은 인내를, 인내는 연단을, 연단은 소망을 이루기 때문이다. 우 리의 믿음을 귀히 보시는 그리스도는 하나님과 우리 사이를 가로막고 있는 죄 로부터 화목케 하셨기에 우리는 이제 즐거워한다.

We rejoice in God through our Lord Jesus Christ.

12 Therefore, just as sin entered the world

그러므로 죄가 세상에 들어오고

Therefore, just as sin entered the world **through one man,**

그러므로 한 사람으로 말미암아 죄가 세상에 들어오고

Therefore, just as sin entered the world through one man, **and death through sin,**

그러므로 한 사람으로 말미암아 죄가 세상에 들어오고 죄로 말미암아 사망이 들어왔나니

Therefore, just as sin entered the world through one man, and death through sin, **and in this way death came to all men,**

그러므로 한 사람으로 말미암아 죄가 세상에 들어오고 죄로 말미암아 사망이 들어왔나니 이와 같이 사망이 모든 사람에게 이르렀느니라

Therefore, just as sin entered the world through one man, and death through sin, and in this way death came to all men, **because all sinned—**

그러므로 한 사람으로 말미암아 죄가 세상에 들어오고 죄로 말미암아 사망이 들어왔나니 이와 같이 죄로 말미암아 사망이 모든 사람에게 이르렀느니라

Therefore, just as sin entered the world through one man, and death through sin, and in this way death came to all men, because all sinned—

13 for before the law was given,

(죄가)율법 있기 전에도

for before the law was given, **sin was in the world.**

죄가 율법 있기 전에도 세상에 있었으나

for before the law was given, sin was in the world. **But sin is not taken into account**

죄가 율법 있기 전에도 세상에 있었으나 죄를 죄로 여기지 아니하였느니라

for before the law was given, sin was in the world. But sin is not taken into account **when there is no law.**

죄가 율법 있기 전에도 세상에 있었으나 율법이 없었을 때에는 죄를 죄로 여기지 아니하였느니라

for before the law was given, sin was in the world. But sin is not taken into account when there is no law.

14 **Nevertheless, death reigned from the time of Adam**

그러나 아담으로부터 사망이 왕 노릇 하였나니

Nevertheless, death reigned from the time of Adam **to the time of Moses,**

그러나 아담으로부터 모세까지 사망이 왕 노릇 하였나니

Nevertheless, death reigned from the time of Adam to the time of Moses, **even over those who did not sin by breaking a command,**

그러나 아담으로부터 모세까지 죄를 짓지 아니한 자들까지도 사망이 왕 노릇 하였나니

Nevertheless, death reigned from the time of Adam to the time of Moses, even over those who did not sin by breaking a command, **as did Adam,**

그러나 아담으로부터 모세까지 아담의 범죄와 같은 죄를 짓지 아니한 자들까지도 사망이 왕 노릇 하였나니

Nevertheless, death reigned from the time of Adam to the time of Moses, even over those who did not sin by breaking a command, as did Adam, **who was a pattern of the one to come.**

그러나 아담으로부터 모세까지 아담의 범죄와 같은 죄를 짓지 아니한 자들까지도 사

망이 왕 노릇 하였나니 아담은 오실 자의 모형이라

Nevertheless, death reigned from the time of Adam to the time of Moses, even over those who did not sin by breaking a command, as did Adam, who was a pattern of the one to come.

15 **But the gift is not like the trespass.**
그러나 이 은사는 그 범죄와 같지 아니하니

But the gift is not like the trespass. **For if the many died by the trespass of the one man,**
그러나 이 은사는 그 범죄와 같지 아니하니 곧 한 사람의 범죄를 인하여 많은 사람이 죽었은즉

But the gift is not like the trespass. For if the many died by the trespass of the one man, **how much more did God's grace**
그러나 이 은사는 그 범죄와 같지 아니하니 곧 한 사람의 범죄를 인하여 많은 사람이 죽었은즉 더욱 하나님의 은혜와

But the gift is not like the trespass. For if the many died by the trespass of the one man, how much more did God's grace **and the gift that came by the grace of the one man,**
그러나 이 은사는 그 범죄와 같지 아니하니 곧 한 사람의 범죄를 인하여 많은 사람이 죽었은즉 더욱 하나님의 은혜와 또한 한 사람의 은혜로 말미암은 선물은

But the gift is not like the trespass. For if the many died by the trespass of the one man, how much more did God's grace and the gift that came by the grace of the one man, **Jesus Christ,**
그러나 이 은사는 그 범죄와 같지 아니하니 곧 한 사람의 범죄를 인하여 많은 사람이 죽었은즉 더욱 하나님의 은혜와 또한 한 사람 예수 그리스도의 은혜로 말미암은 선물은

But the gift is not like the trespass. For if the many died by the trespass of the one man, how much more did God's grace and the gift that came by the grace of the one man, Jesus Christ, **overflow**

to the many!

그러나 이 은사는 그 범죄와 같지 아니하니 곧 한 사람의 범죄를 인하여 많은 사람이 죽었은즉 더욱 하나님의 은혜와 또한 한 사람 예수 그리스도의 은혜로 말미암은 선물은 많은 사람에게 넘쳤느니라

But the gift is not like the trespass. For if the many died by the trespass of the one man, how much more did God's grace and the gift that came by the grace of the one man, Jesus Christ, overflow to the many!

16 Again, the gift of God

또 이 하나님의 선물은

Again, the gift of God **is not like the result of the one man's sin:**

또 이 선물은 범죄한 한 사람으로 말미암은 것과 같지 아니하니

Again, the gift of God is not like the result of the one man's sin: **The judgment followed one sin and brought condemnation,**

또 이 선물은 범죄한 한 사람으로 말미암은 것과 같지 아니하니 심판은 한 사람으로 말미암아 정죄에 이르렀으나

Again, the gift of God is not like the result of the one man's sin: The judgment followed one sin and brought condemnation, **but the gift followed many trespasses**

또 이 선물은 범죄한 한 사람으로 말미암은 것과 같지 아니하니 심판은 한 사람으로 말미암아 정죄에 이르렀으나 은사는 많은 범죄로 말미암아

Again, the gift of God is not like the result of the one man's sin: The judgment followed one sin and brought condemnation, but the gift followed many trespasses **and brought justification.**

또 이 선물은 범죄한 한 사람으로 말미암은 것과 같지 아니하니 심판은 한 사람으로 말미암아 정죄에 이르렀으나 은사는 많은 범죄로 말미암아 의롭다 하심에 이름이니라

115

Again, the gift of God is not like the result of the one man's sin: The judgment followed one sin and brought condemnation, but the gift followed many trespasses and brought justification.

17 **For if, by the trespass of the one man,**
한 사람의 범죄로 말미암아

For if, by the trespass of the one man, **death reigned through that one man,**
한 사람의 범죄로 말미암아 사망이 그 한 사람을 통하여 왕 노릇 하였은즉

For if, by the trespass of the one man, death reigned through that one man, **how much more will those who receive God's abundant provision of grace**
한 사람의 범죄로 말미암아 사망이 그 한 사람을 통하여 왕 노릇 하였은즉 더욱 은혜의 선물을 넘치게 받는 자들은

116

For if, by the trespass of the one man, death reigned through that one man, how much more will those who receive God's abundant provision of grace **and of the gift of righteousness reign**
한 사람의 범죄로 말미암아 사망이 그 한 사람을 통하여 왕 노릇 하였은즉 더욱 은혜와 의의 선물을 넘치게 받는 자들은 왕 노릇 하리로다

For if, by the trespass of the one man, death reigned through that one man, how much more will those who receive God's abundant provision of grace and of the gift of righteousness reign **in life through the one man, Jesus Christ.**
한 사람의 범죄로 말미암아 사망이 그 한 사람을 통하여 왕 노릇 하였은즉 더욱 은혜와 의의 선물을 넘치게 받는 자들은 한 분 예수 그리스도를 통하여 생명 안에서 왕 노릇 하리로다

For if, by the trespass of the one man, death reigned through that one man, how much more will those who receive God's abundant provision of grace and of the gift of righteousness

reign in life through the one man, Jesus Christ.

18 **Consequently, just as the result of one trespass**
그런즉 한 범죄로

Consequently, just as the result of one trespass **was condemnation for all men,**
그런즉 한 범죄로 많은 사람이 정죄에 이른 것 같이

Consequently, just as the result of one trespass was condemnation for all men, **so also the result of one act of righteousness**
그런즉 한 범죄로 많은 사람이 정죄에 이른 것 같이 한 의로운 행위로 말미암아

Consequently, just as the result of one trespass was condemnation for all men, so also the result of one act of righteousness **was justification that brings life for all men.**
그런즉 한 범죄로 많은 사람이 정죄에 이른 것 같이 한 의로운 행위로 말미암아 많은 사람이 의롭다 하심을 받아 생명에 이르렀느니라

Consequently, just as the result of one trespass was condemnation for all men, so also the result of one act of righteousness was justification that brings life for all men.

19 **For just as through the disobedience of the one man**
한 사람이 순종하지 아니함으로

For just as through the disobedience of the one man **the many were made sinners,**
한 사람이 순종하지 아니함으로 많은 사람이 죄인 된 것 같이

For just as through the disobedience of the one man the many were made sinners, **so also through the obedience of the one man**
한 사람이 순종하지 아니함으로 많은 사람이 죄인 된 것 같이 한 사람이 순종하심으로

For just as through the disobedience of the one man the many were made sinners, so also through the obedience of the one man **the many will be made righteous.**

한 사람이 순종하지 아니함으로 많은 사람이 죄인 된 것 같이 한 사람이 순종하심으로 많은 사람이 의인이 되리라

For just as through the disobedience of the one man the many were made sinners, so also through the obedience of the one man the many will be made righteous.

20 **The law was added**

율법이 들어온 것은

The law was added **so that the trespass might increase.**

율법이 들어온 것은 범죄를 더하게 하려 함이라

The law was added so that the trespass might increase. **But where sin increased,**

율법이 들어온 것은 범죄를 더하게 하려 함이라 그러나 죄가 더한 곳에

The law was added so that the trespass might increase. But where sin increased, **grace increased all the more,**

율법이 들어온 것은 범죄를 더하게 하려 함이라 그러나 죄가 더한 곳에 은혜가 더욱 넘쳤나니

The law was added so that the trespass might increase. But where sin increased, grace increased all the more,

21 **so that, just as sin reigned in death,**

이는 죄가 사망 안에서 왕 노릇 한 것 같이

so that, just as sin reigned in death, **so also grace might reign**

이는 죄가 사망 안에서 왕 노릇 한 것 같이 은혜도 왕 노릇 하여

so that, just as sin reigned in death, so also grace might reign **through righteousness**

이는 죄가 사망 안에서 왕 노릇 한 것 같이 은혜도 또한 의로 말미암아 왕 노릇 하여

so that, just as sin reigned in death, so also grace might reign through righteousness **to bring eternal life through Jesus Christ our Lord.**

이는 죄가 사망 안에서 왕 노릇 한 것 같이 은혜도 또한 의로 말미암아 왕 노릇 하여 우리 주 예수 그리스도로 말미암아 영생에 이르게 하려 함이라

so that, just as sin reigned in death, so also grace might reign through righteousness to bring eternal life through Jesus Christ our Lord.

---

account n.설명 | Nevertheless ad.그럼에도 불구하고 | reign vi.다스리다 | pattern n.양식 | trespass vi.침입하다 | overflow vi.흘러넘치다 | condemnation n.정죄 | abundant a.풍부한 | provision n.양식 | Consequently ad.따라서 | justification n.칭의 | disobedience n.불순종 | sinner n.죄인 | increase vi.증가하다 | eternal a.영원한

한 사람으로부터 온 사망, 한 사람으로부터 온 생명

아담 한 사람의 범죄함으로 말미암아 인류에게 죽음이 왔고 하나님의 아들 예수 그리스도의 순종으로 인해 온 인류에게 생명이 주어졌다. 한 사람 아담으로 인해 모든 사람에게 죄의 그림자가 드리워졌고 모든 인류는 죄의 속성을 갖게 되어 모두가 죄를 지어 사망에 이르게 되었다. 하지만 복음은 이것이니 하나님의 아들 예수 그리스도가 온 인류의 죄를 대속키 위해 십자가를 지셨으므로 그

사망의 그림자가 거두어졌고 그 선물로 죄인을 의롭다 하심에 이르렀다. 전날

죄가 사망 안에서 왕 노릇 한 것같이 이제는 예수 그리스도로 인해서 의로 말

미암아 왕 노릇하여 영생에 이르게 되었다. 할렐루야!

Just as sin reigned in death, so also grace might reign through

righteousness to bring eternal life through Jesus Christ our Lord.

6장

죄에 죽고, 그리스도 안에서 살고 (6:1-14)

1 **What shall we say, then?**
그런즉 우리가 무슨 말을 하리요

What shall we say, then? **Shall we go on sinning**
그런즉 우리가 무슨 말을 하리요 우리가 죄에 거하겠느냐

What shall we say, then? Shall we go on sinning **so that grace may increase?**
그런즉 우리가 무슨 말을 하리요 은혜를 더하게 하려고 죄에 거하겠느냐

What shall we say, then? Shall we go on sinning so that grace may increase?

2 **By no means!**

그럴 수 없느니라

By no means! **We died to sin;**
그럴 수 없느니라 죄에 대하여 죽은 우리가

By no means! We died to sin; **how can we live in it any longer?**
그럴 수 없느니라 죄에 대하여 죽은 우리가 어찌 그 가운데 더 살리요.

By no means! We died to sin; how can we live in it any longer?

3 **Or don't you know**
알지 못하느냐

Or don't you know **that all of us who were baptized**
세례를 받은 줄을 알지 못하느냐

Or don't you know that all of us who were baptized **into Christ Jesus were baptized into his death?**
무릇 그리스도 예수와 합하여 세례를 받은 우리는 그의 죽으심과 합하여 세례를 받은 줄을 알지 못하느냐

Or don't you know that all of us who were baptized into Christ Jesus were baptized into his death?

4 **We were therefore buried with him**
그러므로 우리가 그와 함께 장사되었나니

We were therefore buried with him **through baptism into death in order that,**
그러므로 우리가 그의 죽으심과 합하여 세례를 받음으로 그와 함께 장사되었나니

We were therefore buried with him through baptism into death in order that, **just as Christ was raised from the dead**

그러므로 우리가 그의 죽으심과 합하여 세례를 받음으로 그와 함께 장사되었나니 그리스도를 죽은 자 가운데서 살리심과 같이

We were therefore buried with him through baptism into death in order that, just as Christ was raised from the dead **through the glory of the Father,**

그러므로 우리가 그의 죽으심과 합하여 세례를 받음으로 그와 함께 장사되었나니 이는 아버지의 영광으로 말미암아 그리스도를 죽은 자 가운데서 살리심과 같이

We were therefore buried with him through baptism into death in order that, just as Christ was raised from the dead through the glory of the Father, **we too may live a new life.**

그러므로 우리가 그의 죽으심과 합하여 세례를 받음으로 그와 함께 장사되었나니 이는 아버지의 영광으로 말미암아 그리스도를 죽은 자 가운데서 살리심과 같이 우리로 또한 새 생명 가운데서 행하게 하려 함이라

We were therefore buried with him through baptism into death in order that, just as Christ was raised from the dead through the glory of the Father, we too may live a new life.

5 **If we have been united with him**

만일 우리가 그와 연합한 자가 되었으면

If we have been united with him **like this in his death,**

만일 우리가 그의 죽으심과 같은 모양으로 연합한 자가 되었으면

If we have been united with him like this in his death, **we will certainly also be united with him**

만일 우리가 그의 죽으심과 같은 모양으로 연합한 자가 되었으면 또한 연합한 자도 되리라

If we have been united with him like this in his death, we will certainly also be united with him **in his resurrection.**

만일 우리가 그의 죽으심과 같은 모양으로 연합한 자가 되었으면 또한 그의 부활과 같은 모양으로 연합한 자도 되리라

If we have been united with him like this in his death, we will certainly also be united with him in his resurrection.

6 **For we know that**
우리가 알거니와

For we know that **our old self was crucified with him**
우리가 알거니와 우리의 옛 사람이 예수와 함께 십자가에 못 박힌 것은

For we know that our old self was crucified with him **so that the body of sin might be done away with,**
우리가 알거니와 우리의 옛 사람이 예수와 함께 십자가에 못 박힌 것은 죄의 몸이 죽어

For we know that our old self was crucified with him so that the body of sin might be done away with, **that we should no longer be slaves to sin—**
우리가 알거니와 우리의 옛 사람이 예수와 함께 십자가에 못 박힌 것은 죄의 몸이 죽어 다시는 우리가 죄에게 종 노릇 하지 아니하려 함이니

For we know that our old self was crucified with him so that the body of sin might be done away with, that we should no longer be slaves to sin—

7 **because anyone who has died**
이는 죽은 자가

because anyone who has died **has been freed from sin.**
이는 죽은 자가 죄에서 벗어나 의롭다 하심을 얻었음이라

because anyone who has died has been freed from sin.

8 **Now if we died with Christ,**

만일 우리가 그리스도와 함께 죽었으면

Now if we died with Christ, **we believe that we will also live with him.**

만일 우리가 그리스도와 함께 죽었으면 또한 그와 함께 살 줄을 믿노니

Now if we died with Christ, we believe that we will also live with him.

9 **For we know that since Christ was raised**

우리가 아노니 그리스도께서 살아나셨으매

For we know that since Christ was raised **from the dead,**

이는 그리스도께서 죽은 자 가운데서 살아나셨으매

For we know that since Christ was raised from the dead, **he cannot die again;**

이는 그리스도께서 죽은 자 가운데서 살아나셨으매 다시 죽지 아니하시고

For we know that since Christ was raised from the dead, he cannot die again; **death no longer has mastery over him.**

이는 그리스도께서 죽은 자 가운데서 살아나셨으매 다시 죽지 아니하시고 사망이 다시 그를 주장하지 못할 줄을 앎이로다

For we know that since Christ was raised from the dead, he cannot die again; death no longer has mastery over him.

10 **The death he died,**

그가 죽으심은

The death he died, **he died to sin once for all;**

그가 죽으심은 죄에 대하여 단번에 죽으심이요

The death he died, he died to sin once for all; **but the life he lives,**

그가 죽으심은 죄에 대하여 단번에 죽으심이요 그가 살아 계심은

The death he died, he died to sin once for all; but the life he lives,
he lives to God.

그가 죽으심은 죄에 대하여 단번에 죽으심이요 그가 살아 계심은 하나님께 대하여
살아 계심이니

The death he died, he died to sin once for all; but the life he lives, he lives to God.

11 **In the same way,**

이와 같이

In the same way, **count yourselves dead to sin**

이와 같이 너희도 너희 자신을 죄에 대하여는 죽은 자로 여길지어다

In the same way, count yourselves dead to sin **but alive to God in Christ Jesus.**

이와 같이 너희도 너희 자신을 죄에 대하여는 죽은 자요 그리스도 예수 안에서 하나
님께 대하여는 살아 있는 자로 여길지어다

In the same way, count yourselves dead to sin but alive to God in Christ Jesus.

125

12 **Therefore do not let sin reign**

그러므로 너희는 죄가 지배하지 못하게 하여

Therefore do not let sin reign **in your mortal body**

그러므로 너희는 죄가 너희 죽을 몸을 지배하지 못하게 하여

Therefore do not let sin reign in your mortal body **so that you obey its evil desires.**

그러므로 너희는 죄가 너희 죽을 몸을 지배하지 못하게 하여 몸의 사욕에 순종하지
말고

Therefore do not let sin reign in your mortal body so that you obey its evil desires.

13 **Do not offer the parts of your body to sin,**
또한 너희 지체를 죄에게 내주지 말고

Do not offer the parts of your body to sin, **as instruments of wickedness,**
또한 너희 지체를 불의의 무기로 죄에게 내주지 말고

Do not offer the parts of your body to sin, as instruments of wickedness, **but rather offer yourselves to God,**
또한 너희 지체를 불의의 무기로 죄에게 내주지 말고 하나님께 드리며

Do not offer the parts of your body to sin, as instruments of wickedness, but rather offer yourselves to God, **as those who have been brought from death to life;**
또한 너희 지체를 불의의 무기로 죄에게 내주지 말고 오직 너희 자신을 죽은 자 가운데서 다시 살아난 자 같이 하나님께 드리며

Do not offer the parts of your body to sin, as instruments of wickedness, but rather offer yourselves to God, as those who have been brought from death to life; **and offer the parts of your body to him**
또한 너희 지체를 불의의 무기로 죄에게 내주지 말고 오직 너희 자신을 죽은 자 가운데서 다시 살아난 자 같이 하나님께 드리며 너희 지체를 하나님께 드리라

Do not offer the parts of your body to sin, as instruments of wickedness, but rather offer yourselves to God, as those who have been brought from death to life; and offer the parts of your body to him **as instruments of righteousness.**
또한 너희 지체를 불의의 무기로 죄에게 내주지 말고 오직 너희 자신을 죽은 자 가운데서 다시 살아난 자 같이 하나님께 드리며 너희 지체를 의의 무기로 하나님께 드리라

Do not offer the parts of your body to sin, as instruments of

wickedness, but rather offer yourselves to God, as those who have been brought from death to life; and offer the parts of your body to him as instruments of righteousness.

14 **For sin shall not be your master,**
죄가 너희를 주장하지 못하리니

For sin shall not be your master, **because you are not under law,**
죄가 너희를 주장하지 못하리니 이는 너희가 법 아래에 있지 아니하고

For sin shall not be your master, because you are not under law, **but under grace.**
죄가 너희를 주장하지 못하리니 이는 너희가 법 아래에 있지 아니하고 은혜 아래에 있음이라

For sin shall not be your master, because you are not under law, but under grace.

127

---

death n.죽음 | bury vt.묻다 | baptism n.세례 | united a.연합한 | slave n.노예 |
mastery n.지배 | mortal a.필멸의 | desire n.욕망 | instrument n.도구 |
wickedness n.불의 | master n.주인 | grace n.은혜

십자가와 세례

그리스도와 관계없는 세례는 없다. 우리가 받은 세례는 그리스도로 인한 세례이며 그리스도와 함께한 세례이다. 우리의 세례는 그의 죽으심과 합하여 받은 세례이다. 우리는 그와 함께 죽었고 그와 함께 장사 지낸 바 되었다. 그리스도

의 죽음이 우리의 죄를 위한 것이었기에 그와 함께 죽은 우리는 우리 죄의 몸이 죽어 다시는 우리가 죄에게 종노릇 하지 아니하려 함이다.

우리가 그리스도와 함께 죽었고 그가 죽은 자들 가운데서 다시 살아나셨을 때 우리도 그와 함께 살았다. 이제 우리는 죄에 대하여는 죽은 자이고 그리스도 예수로 인해 하나님께 대하여는 살아 있는 자이다. 그러므로 우리는 우리 몸을 죄가 지배하여 불의의 병기가 되지 못하도록 해야 하며 구별된 의의 무기로 하나님께 드려야 한다. 그러면 죄가 우리를 주장하지 못하게 된다.

Offer the parts of your body to him as instruments of righteousness!

의에게 종이 되다 (6:15-23)

15 **What then?**

그런즉 어찌하리오

What then? **Shall we sin**

그런즉 어찌하리오 죄를 지으리오

What then? Shall we sin **because we are not under law**

그런즉 어찌하리오 죄를 지으리오 우리가 법 아래에 있지 아니하고

What then? Shall we sin because we are not under law **but under grace?**

그런즉 어찌하리오 우리가 법 아래에 있지 아니하고 은혜 아래에 있으니 죄를 지으리오

What then? Shall we sin because we are not under law but under grace? **By no means!**

그런즉 어찌하리오 우리가 법 아래에 있지 아니하고 은혜 아래에 있으니 죄를 지으

리오 그럴 수 없느니라

What then? Shall we sin because we are not under law but under grace? By no means!

16 **Don't you know**

알지 못하느냐

Don't you know **that when you offer yourselves**

알지 못하느냐 너희 자신을 내주어

Don't you know that when you offer yourselves **to someone to obey him as slaves,**

알지 못하느냐 너희 자신을 종으로 내주어 누구에게 순종하든지

Don't you know that when you offer yourselves to someone to obey him as slaves, **you are slaves to the one whom you obey—**

너희 자신을 종으로 내주어 누구에게 순종하든지 그 순종함을 받는 자의 종이 되는 줄을 너희가 알지 못하느냐

Don't you know that when you offer yourselves to someone to obey him as slaves, you are slaves to the one whom you obey—**whether you are slaves to sin,**

너희 자신을 종으로 내주어 누구에게 순종하든지 그 순종함을 받는 자의 종이 되는 줄을 너희가 알지 못하느냐 혹은 죄의 종 이르느니라

Don't you know that when you offer yourselves to someone to obey him as slaves, you are slaves to the one whom you obey—whether you are slaves to sin, **which leads to death, or to obedience,**

너희 자신을 종으로 내주어 누구에게 순종하든지 그 순종함을 받는 자의 종이 되는 줄을 너희가 알지 못하느냐 혹은 죄의 종으로 사망에 이르고 혹은 순종의 종에 이르느니라

Don't you know that when you offer yourselves to someone to obey him as slaves, you are slaves to the one whom you obey—whether you are slaves to sin, which leads to death, or to obedience, **which leads to righteousness?**

너희 자신을 종으로 내주어 누구에게 순종하든지 그 순종함을 받는 자의 종이 되는 줄을 너희가 알지 못하느냐 혹은 죄의 종으로 사망에 이르고 혹은 순종의 종으로 의에 이르느니라

Don't you know that when you offer yourselves to someone to obey him as slaves, you are slaves to the one whom you obey—whether you are slaves to sin, which leads to death, or to obedience, which leads to righteousness?

17 **But thanks be to God**
하나님께 감사하리로다

But thanks be to God **that, though you used to be slaves to sin,**
하나님께 감사하리로다 너희가 본래 죄의 종이더니

But thanks be to God that, though you used to be slaves to sin, **you wholeheartedly obeyed the form of teaching**
하나님께 감사하리로다 너희가 본래 죄의 종이더니 교훈의 본을 마음으로 순종하여

But thanks be to God that, though you used to be slaves to sin, you wholeheartedly obeyed the form of teaching **to which you were entrusted.**
하나님께 감사하리로다 너희가 본래 죄의 종이더니 너희에게 전하여 준 바 교훈의 본을 마음으로 순종하여

But thanks be to God that, though you used to be slaves to sin, you wholeheartedly obeyed the form of teaching to which you were entrusted.

18 **You have been set free from sin**
죄로부터 해방되었느니라

You have been set free from sin **and have become slaves to righteousness.**

죄로부터 해방되어 의에게 종이 되었느니라

You have been set free from sin and have become slaves to righteousness.

19 **I put this in human terms**

내가 사람의 예대로 말하노니

I put this in human terms **because you are weak in your natural selves.**

너희 육신이 연약하므로 내가 사람의 예대로 말하노니

I put this in human terms because you are weak in your natural selves. **Just as you used to offer the parts of your body**

너희 육신이 연약하므로 내가 사람의 예대로 말하노니 너희 지체를 내주어

I put this in human terms because you are weak in your natural selves. Just as you used to offer the parts of your body **in slavery to impurity**

너희 육신이 연약하므로 내가 사람의 예대로 말하노니 전에 너희가 너희 지체를 부정에 내주어

I put this in human terms because you are weak in your natural selves. Just as you used to offer the parts of your body in slavery to impurity and **to ever-increasing wickedness,**

너희 육신이 연약하므로 내가 사람의 예대로 말하노니 전에 너희가 너희 지체를 부정과 불법에 내주어

I put this in human terms because you are weak in your natural selves. Just as you used to offer the parts of your body in slavery to impurity and to ever-increasing wickedness, **so now offer them in slavery to righteousness leading**

너희 육신이 연약하므로 내가 사람의 예대로 말하노니 전에 너희가 너희 지체를 부

정과 불법에 내주어 불법에 이른 것 같이 이제는 너희 지체를 의에게 종으로 내주어

I put this in human terms because you are weak in your natural selves. Just as you used to offer the parts of your body in slavery to impurity and to ever-increasing wickedness, so now offer them in slavery to righteousness leading **to holiness.**

너희 육신이 연약하므로 내가 사람의 예대로 말하노니 전에 너희가 너희 지체를 부정과 불법에 내주어 불법에 이른 것 같이 이제는 너희 지체를 의에게 종으로 내주어 거룩함에 이르라

I put this in human terms because you are weak in your natural selves. Just as you used to offer the parts of your body in slavery to impurity and to ever-increasing wickedness, so now offer them in slavery to righteousness leading to holiness.

20 **When you were slaves to sin,**

너희가 죄의 종이 되었을 때에는

When you were slaves to sin, **you were free from the control of righteousness.**

너희가 죄의 종이 되었을 때에는 의에 대하여 자유로웠느니라

When you were slaves to sin, you were free from the control of righteousness.

21 **What benefit did you reap at that time**

너희가 그 때에 무슨 열매를 얻었느냐

What benefit did you reap at that time **from the things you are now ashamed of?**

너희가 그 때에 무슨 열매를 얻었느냐 이제는 너희가 그 일을 부끄러워하나니

What benefit did you reap at that time from the things you are now ashamed of? **Those things result in death!**

너희가 그 때에 무슨 열매를 얻었느냐 이제는 너희가 그 일을 부끄러워하나니 이는 그 마지막이 사망임이라

What benefit did you reap at that time from the things you are now ashamed of? Those things result in death!

22 **But now that you have been set free from sin**

그러나 이제는 너희가 죄로부터 해방되고

But now that you have been set free from sin **and have become slaves to God,**

그러나 이제는 너희가 죄로부터 해방되고 하나님께 종이 되어

But now that you have been set free from sin and have become slaves to God, **the benefit you reap leads to holiness,**

그러나 이제는 너희가 죄로부터 해방되고 하나님께 종이 되어 거룩함에 이르는 열매를 맺었으니

But now that you have been set free from sin and have become slaves to God, the benefit you reap leads to holiness, and the result is eternal life.

133

23 **For the wages of sin is death,**

죄의 삯은 사망이요

For the wages of sin is death, **but the gift of God is eternal life**

죄의 삯은 사망이요 하나님의 은사는 영생이니라

For the wages of sin is death, but the gift of God is eternal life **in Christ Jesus our Lord.**

죄의 삯은 사망이요 하나님의 은사는 그리스도 예수 우리 주 안에 있는 영생이니라

For the wages of sin is death, but the gift of God is eternal life in Christ Jesus our Lord.

---

wholeheartedly ad.전심으로 | entrust vt.위임하다 | slavery n.노예의 신분 |

impurity n.부도덕 | control n.지배 | benefit n.이익 | reap vt.수확하다 | ashamed

a.부끄러운 | wage n.임금

죄의 종으로 사망에 이르고

종은 주인을 섬긴다. 죄의 종은 자신을 죄에게 내어주어 사망에 이르고 순종의 종은 자신을 하나님께 드리어 의에 이른다. 지난날 우리의 육체가 죄의 종이 되었을 때에는 부끄러운 열매를 맺었다. 하지만 이제 우리는 하나님께 종이 되어 거룩함에 이르는 열매를 맺었으니 그 마지막이 영생이다.

For the wages of sin is death, but the gift of God is eternal life in Christ Jesus our Lord.

7장

혼인 관계를 통한 애증 (7:1-6)

1 **Do you not know, brothers—**

형제들아 알지 못하느냐

Do you not know, brothers—**for I am speaking to men who know the law—**

형제들아 내가 법 아는 자들에게 말하노니 알지 못하느냐

Do you not know, brothers—for I am speaking to men who know the law—**that the law has authority over**

형제들아 내가 법 아는 자들에게 말하노니 너희는 그 법이 주관하는 줄 알지 못하느냐

Do you not know, brothers—for I am speaking to men who know the law—that the law has authority over **a man only as long as he lives?**

형제들아 내가 법 아는 자들에게 말하노니 너희는 그 법이 사람이 살 동안만 그를 주관하는 줄 알지 못하느냐

Do you not know, brothers—for I am speaking to men who know the law—that the law has authority over a man only as long as he lives?

2 **For example, by law a married woman is bound to her husband**

남편 있는 여인이 법으로 그 남편에게 매인 바 되나

For example, by law a married woman is bound to her husband **as long as he is alive,**

남편 있는 여인이 그 남편 생전에는 법으로 그에게 매인 바 되나

For example, by law a married woman is bound to her husband as long as he is alive, **but if her husband dies,**

남편 있는 여인이 그 남편 생전에는 법으로 그에게 매인 바 되나 만일 그 남편이 죽으면

For example, by law a married woman is bound to her husband as long as he is alive, but if her husband dies, **she is released from**

the law of marriage.

남편 있는 여인이 그 남편 생전에는 법으로 그에게 매인 바 되나 만일 그 남편이 죽으면 남편의 법에서 벗어나느니라

For example, by law a married woman is bound to her husband as long as he is alive, but if her husband dies, she is released from the law of marriage.

3 **So then, if she marries another man**
그러므로 만일 (그 여자가) 다른 남자에게 (시집)가면

So then, if she marries another man **while her husband is still alive,**
그러므로 만일 그 남편 생전에 다른 남자에게 가면

So then, if she marries another man while her husband is still alive, **she is called an adulteress.**
그러므로 만일 그 남편 생전에 다른 남자에게 가면 음녀라

So then, if she marries another man while her husband is still alive, she is called an adulteress. **But if her husband dies,**
그러므로 만일 그 남편 생전에 다른 남자에게 가면 음녀라 그러나 만일 남편이 죽으면

So then, if she marries another man while her husband is still alive, she is called an adulteress. But if her husband dies, **she is released from that law**
그러므로 만일 그 남편 생전에 다른 남자에게 가면 음녀라 그러나 만일 남편이 죽으면 그 법에서 자유롭게 되나니

So then, if she marries another man while her husband is still alive, she is called an adulteress. But if her husband dies, she is released from that law **and is not an adulteress,**
그러므로 만일 그 남편 생전에 다른 남자에게 가면 음녀라 그러나 만일 남편이 죽으면 그 법에서 자유롭게 되나니 음녀가 되지 아니하느니라

So then, if she marries another man while her husband is still alive, she is called an adulteress. But if her husband dies, she is released from that law and is not an adulteress, **even though she marries another man.**

그러므로 만일 그 남편 생전에 다른 남자에게 가면 음녀라 그러나 만일 남편이 죽으면 그 법에서 자유롭게 되나니 다른 남자에게 갈지라도 음녀가 되지 아니하느니라

So then, if she marries another man while her husband is still alive, she is called an adulteress. But if her husband dies, she is released from that law and is not an adulteress, even though she marries another man.

4 **So, my brothers, you also died to the law**
그러므로 내 형제들아 너희도 율법에 대하여 죽임을 당하였으니

So, my brothers, you also died to the law **through the body of Christ,**
그러므로 내 형제들아 너희도 그리스도의 몸으로 말미암아 율법에 대하여 죽임을 당하였으니

So, my brothers, you also died to the law through the body of Christ, **that you might belong to another,**
그러므로 내 형제들아 너희도 그리스도의 몸으로 말미암아 율법에 대하여 죽임을 당하였으니 이는 다른 이에게 가서

So, my brothers, you also died to the law through the body of Christ, that you might belong to another, **to him who was raised from the dead,**
그러므로 내 형제들아 너희도 그리스도의 몸으로 말미암아 율법에 대하여 죽임을 당하였으니 이는 다른 이 곧 죽은 자 가운데서 살아나신 이에게 가서

So, my brothers, you also died to the law through the body of Christ, that you might belong to another, to him who was raised from the dead, **in order that we might bear fruit to God.**

그러므로 내 형제들아 너희도 그리스도의 몸으로 말미암아 율법에 대하여 죽임을 당하였으니 이는 다른 이 곧 죽은 자 가운데서 살아나신 이에게 가서 우리가 하나님을 위하여 열매를 맺게 하려 함이라

So, my brothers, you also died to the law through the body of Christ, that you might belong to another, to him who was raised from the dead, in order that we might bear fruit to God.

5 **For when we were controlled by the sinful nature,**
우리가 육신에 있을 때에는

For when we were controlled by the sinful nature, **the sinful passions aroused by the law**
우리가 육신에 있을 때에는 율법으로 말미암는 죄의 정욕이

For when we were controlled by the sinful nature, the sinful passions aroused by the law **were at work in our bodies,**
우리가 육신에 있을 때에는 율법으로 말미암는 죄의 정욕이 우리 지체 중에 역사하여

For when we were controlled by the sinful nature, the sinful passions aroused by the law were at work in our bodies, **so that we bore fruit for death.**
우리가 육신에 있을 때에는 율법으로 말미암는 죄의 정욕이 우리 지체 중에 역사하여 우리로 사망을 위하여 열매를 맺게 하였더니

For when we were controlled by the sinful nature, the sinful passions aroused by the law were at work in our bodies, so that we bore fruit for death.

6 **But now, by dying to what once bound us,**
이제는 우리가 얽매였던 것에 대하여 죽었으므로

But now, by dying to what once bound us, **we have been released**

from the law

이제는 우리가 얽매였던 것에 대하여 죽었으므로 율법에서 벗어났으니

But now, by dying to what once bound us, we have been released from the law **so that we serve in the new way of the Spirit,**

이제는 우리가 얽매였던 것에 대하여 죽었으므로 율법에서 벗어났으니 이러므로 우리가 영의 새로운 것으로 섬길 것이요

But now, by dying to what once bound us, we have been released from the law so that we serve in the new way of the Spirit, **and not in the old way of the written code.**

이제는 우리가 얽매였던 것에 대하여 죽었으므로 율법에서 벗어났으니 이러므로 우리가 영의 새로운 것으로 섬길 것이요 율법 조문의 묵은 것으로 아니할지니라

But now, by dying to what once bound us, we have been released from the law so that we serve in the new way of the Spirit, and not in the old way of the written code.

---

released a.석방된 | marriage n.결혼 | adulteress n.음녀, 간부(姦婦) | bear vi.열매를 맺다 | passions n.열정 | bear vi.열매를 맺다 | bind vt.묶다 | code n.법전

죄와의 투쟁 (7:7 – 25)

7 **What shall we say, then?**

그런즉 우리가 무슨 말을 하리요

What shall we say, then? **Is the law sin?**

그런즉 우리가 무슨 말을 하리요 율법이 죄냐

What shall we say, then? Is the law sin? **Certainly not!**

그런즉 우리가 무슨 말을 하리요 율법이 죄냐 그럴 수 없느니라

What shall we say, then? Is the law sin? Certainly not! **Indeed I would not have known**

그런즉 우리가 무슨 말을 하리요 율법이 죄냐 그럴 수 없느니라 내가 알지 못하였으니

What shall we say, then? Is the law sin? Certainly not! Indeed I would not have known **what sin was except through the law.**

그런즉 우리가 무슨 말을 하리요 율법이 죄냐 그럴 수 없느니라 율법으로 말미암지 않고는 내가 죄를 알지 못하였으니

What shall we say, then? Is the law sin? Certainly not! Indeed I would not have known what sin was except through the law. **For I would not have known what coveting really was**

그런즉 우리가 무슨 말을 하리요 율법이 죄냐 그럴 수 없느니라 율법으로 말미암지 않고는 내가 죄를 알지 못하였으니 내가 탐심을 알지 못하였으리라

What shall we say, then? Is the law sin? Certainly not! Indeed I would not have known what sin was except through the law. For I would not have known what coveting really was **if the law had not said, "Do not covet."**

그런즉 우리가 무슨 말을 하리요 율법이 죄냐 그럴 수 없느니라 율법으로 말미암지 않고는 내가 죄를 알지 못하였으니 곧 율법이 탐내지 말라 하지 아니하였더라면 내가 탐심을 알지 못하였으리라

What shall we say, then? Is the law sin? Certainly not! Indeed I would not have known what sin was except through the law. For I would not have known what coveting really was if the law had not said, "Do not covet."

8 **But sin, seizing the opportunity afforded by the commandment,**

그러나 죄가 기회를 타서 계명으로 말미암아

But sin, seizing the opportunity afforded by the commandment,

produced in me every kind of covetous desire.

그러나 죄가 기회를 타서 계명으로 말미암아 내 속에서 온갖 탐심을 이루었나니

But sin, seizing the opportunity afforded by the commandment, produced in me every kind of covetous desire. **For apart from law, sin is dead.**

그러나 죄가 기회를 타서 계명으로 말미암아 내 속에서 온갖 탐심을 이루었나니 이는 율법이 없으면 죄가 죽은 것임이라

But sin, seizing the opportunity afforded by the commandment, produced in me every kind of covetous desire. For apart from law, sin is dead.

9 **Once I was alive apart from law;**

전에 율법을 깨닫지 못했을 때에는

Once I was alive apart from law; **but when the commandment came,**

전에 율법을 깨닫지 못했을 때에는 계명이 이르매

Once I was alive apart from law; but when the commandment came, **sin sprang to life and I died.**

전에 율법을 깨닫지 못했을 때에는 내가 살았더니 계명이 이르매 죄는 살아나고 나는 죽었도다

Once I was alive apart from law; but when the commandment came, sin sprang to life and I died.

10 **I found that the very commandment**

그 계명이

I found that the very commandment **that was intended to bring life**

생명에 이르게 할 그 계명이

I found that the very commandment that was intended to bring life **actually brought death.**

생명에 이르게 할 그 계명이 내게 대하여 도리어 사망에 이르게 하는 것이 되었도다

I found that the very commandment that was intended to bring life actually brought death.

11 **For sin, seizing the opportunity afforded**

죄가 기회를 타서

For sin, seizing the opportunity afforded **by the commandment,**

죄가 기회를 타서 계명으로 말미암아

For sin, seizing the opportunity afforded by the commandment, **deceived me,**

죄가 기회를 타서 계명으로 말미암아 나를 속이고

For sin, seizing the opportunity afforded by the commandment, deceived me, **and through the commandment put me to death.**

죄가 기회를 타서 계명으로 말미암아 나를 속이고 그것으로 나를 죽였는지라

For sin, seizing the opportunity afforded by the commandment, deceived me, and through the commandment put me to death.

12 **So then, the law is holy,**

이로 보건대 율법은 거룩하고

So then, the law is holy, **and the commandment is holy,**

이로 보건대 율법은 거룩하고 계명도 거룩하고

So then, the law is holy, and the commandment is holy, **righteous and good.**

이로 보건대 율법은 거룩하고 계명도 거룩하고 의로우며 선하도다

So then, the law is holy, and the commandment is holy, righteous and good.

13 **Did that which is good, then, become death to me?**
그런즉 선한 것이 내게 사망이 되었느냐

Did that which is good, then, become death to me? **By no means!**
그런즉 선한 것이 내게 사망이 되었느냐 그럴 수 없느니라

Did that which is good, then, become death to me? By no means!
But in order that sin might be recognized as sin,
그런즉 선한 것이 내게 사망이 되었느냐 그럴 수 없느니라 오직 죄가 죄로 드러나기
위하여

Did that which is good, then, become death to me? By no means!
But in order that sin might be recognized as sin, **it produced death in me through what was good,**
그런즉 선한 것이 내게 사망이 되었느냐 그럴 수 없느니라 오직 죄가 죄로 드러나기
위하여 선한 그것으로 말미암아 나를 죽게 만들었으니

Did that which is good, then, become death to me? By no means!
But in order that sin might be recognized as sin, it produced death
in me through what was good, **so that through the commandment**
그런즉 선한 것이 내게 사망이 되었느냐 그럴 수 없느니라 오직 죄가 죄로 드러나기
위하여 선한 그것으로 말미암아 나를 죽게 만들었으니 이는 계명으로 말미암아

Did that which is good, then, become death to me? By no means!
But in order that sin might be recognized as sin, it produced death
in me through what was good, so that through the commandment
sin might become utterly sinful.
그런즉 선한 것이 내게 사망이 되었느냐 그럴 수 없느니라 오직 죄가 죄로 드러나기
위하여 선한 그것으로 말미암아 나를 죽게 만들었으니 이는 계명으로 말미암아 죄로
심히 죄 되게 하려 함이라

Did that which is good, then, become death to me? By no

means! But in order that sin might be recognized as sin, it produced death in me through what was good, so that through the commandment sin might become utterly sinful.

14 **We know that the law is spiritual;**

우리가 율법은 신령한 줄 알거니와

We know that the law is spiritual; **but I am unspiritual,**

우리가 율법은 신령한 줄 알거니와 나는 육신에 속하여

We know that the law is spiritual; but I am unspiritual, **sold as a slave to sin.**

우리가 율법은 신령한 줄 알거니와 나는 육신에 속하여 죄 아래에 팔렸도다

We know that the law is spiritual; but I am unspiritual, sold as a slave to sin.

15 **I do not understand what I do.**

내가 행하는 것을 내가 알지 못하노니

I do not understand what I do. **For what I want to do I do not do,**

내가 행하는 것을 내가 알지 못하노니 곧 내가 원하는 것은 행하지 아니하고

I do not understand what I do. For what I want to do I do not do, **but what I hate I do.**

내가 행하는 것을 내가 알지 못하노니 곧 내가 원하는 것은 행하지 아니하고 도리어 미워하는 것을 행함이라

I do not understand what I do. For what I want to do I do not do, but what I hate I do.

16 **And if I do what I do not want to do,**

만일 내가 원하지 아니하는 그것을 행하면

And if I do what I do not want to do, **I agree that the law is good.**
만일 내가 원하지 아니하는 그것을 행하면 내가 이로써 율법이 선한 것을 시인하노니

And if I do what I do not want to do, I agree that the law is good.

17 **As it is, it is no longer I myself**
이제는 그것은 내가 아니요

As it is, it is no longer I myself **who do it,**
이제는 그것을 행하는 자가 내가 아니요

As it is, it is no longer I myself who do it, **but it is sin living in me.**
이제는 그것을 행하는 자가 내가 아니요 내 속에 거하는 죄니라

As it is, it is no longer I myself who do it, but it is sin living in me.

145

18 **I know that nothing good lives in me,**
내 속에 선한 것이 거하지 아니하는 줄을 아노니

I know that nothing good lives in me, that is, **in my sinful nature.**
내 속 곧 내 육신에 선한 것이 거하지 아니하는 줄을 아노니

I know that nothing good lives in me, that is, in my sinful nature. **For I have the desire to do what is good,**
내 속 곧 내 육신에 선한 것이 거하지 아니하는 줄을 아노니 (선을 행하려는)원함은 내게 있으나

I know that nothing good lives in me, that is, in my sinful nature. For I have the desire to do what is good, **but I cannot carry it out.**
내 속 곧 내 육신에 선한 것이 거하지 아니하는 줄을 아노니 원함은 내게 있으나 선

을 행하는 것은 없노라

I know that nothing good lives in me, that is, in my sinful nature. For I have the desire to do what is good, but I cannot carry it out.

19 **For what I do is not the good**
내가 선은 행하지 아니하고

For what I do is not the good **I want to do;**
내가 원하는 바 선은 행하지 아니하고

For what I do is not the good I want to do; **no, the evil I do not want to do–**
내가 원하는 바 선은 행하지 아니하고 도리어 원하지 아니하는 바 악을

For what I do is not the good I want to do; no, the evil I do not want to do–**this I keep on doing.**
내가 원하는 바 선은 행하지 아니하고 도리어 원하지 아니하는 바 악을 행하는도다

For what I do is not the good I want to do; no, the evil I do not want to do–this I keep on doing.

20 **Now if I do what I do not want to do,**
만일 내가 원하지 아니하는 그것을 하면

Now if I do what I do not want to do, **it is no longer I who do it,**
만일 내가 원하지 아니하는 그것을 하면 이를 행하는 자는 (내가) 아니요

Now if I do what I do not want to do, it is no longer I who do it, **but it is sin living in me that does it.**
만일 내가 원하지 아니하는 그것을 하면 이를 행하는 자는 내가 아니요 내 속에 거하는 죄니라

Now if I do what I do not want to do, it is no longer I who do it, but it is sin living in me that does it.

21 **So I find this law at work:**
그러므로 내가 한 법을 깨달았노니

So I find this law at work: **When I want to do good,**
그러므로 내가 한 법을 깨달았노니 곧 선을 행하기 원하는 나에게

So I find this law at work: When I want to do good, **evil is right there with me.**
그러므로 내가 한 법을 깨달았노니 곧 선을 행하기 원하는 나에게 악이 함께 있는 것이로다

So I find this law at work: When I want to do good, evil is right there with me.

147

22 **For in my inner being**
내 속사람으로는

For in my inner being **I delight in God' s law;**
내 속사람으로는 하나님의 법을 즐거워하되

For in my inner being I delight in God' s law;

23 **but I see another law at work**
한 다른 법이 싸우는 것을 보는도다

but I see another law at work **in the members of my body,**
내 지체 속에서 한 다른 법이 싸우는 것을 보는도다

but I see another law at work in the members of my body, **waging war against the law of my mind**

내 지체 속에서 한 다른 법이 내 마음의 법과 싸우는 것을 보는도다

but I see another law at work in the members of my body, waging war against the law of my mind **and making me a prisoner of the law of sin at work**

내 지체 속에서 한 다른 법이 내 마음의 법과 싸워 죄의 법으로 나를 사로잡는 것을 보는도다

but I see another law at work in the members of my body, waging war against the law of my mind and making me a prisoner of the law of sin at work **within my members.**

내 지체 속에서 한 다른 법이 내 마음의 법과 싸워 내 지체 속에 있는 죄의 법으로 나를 사로잡는 것을 보는도다

but I see another law at work in the members of my body, waging war against the law of my mind and making me a prisoner of the law of sin at work within my members.

148

24 What a wretched man I am!

오호라 나는 곤고한 사람이로다

What a wretched man I am! **Who will rescue me**

오호라 나는 곤고한 사람이로다 누가 나를 건져내랴

What a wretched man I am! Who will rescue me **from this body of death?**

오호라 나는 곤고한 사람이로다 이 사망의 몸에서 누가 나를 건져내랴

What a wretched man I am! Who will rescue me from this body of death?

25 Thanks be to God—

하나님께 감사하리로다

Thanks be to God–**through Jesus Christ our Lord!**
우리 주 예수 그리스도로 말미암아 하나님께 감사하리로다

Thanks be to God–through Jesus Christ our Lord! **So then, I myself in my mind am a slave to God's law,**
우리 주 예수 그리스도로 말미암아 하나님께 감사하리로다 그런즉 내 자신이 마음으로는 하나님의 법을 섬기노라

Thanks be to God–through Jesus Christ our Lord! So then, I myself in my mind am a slave to God's law, **but in the sinful nature a slave to the law of sin.**
우리 주 예수 그리스도로 말미암아 하나님께 감사하리로다 그런즉 내 자신이 마음으로는 하나님의 법을 육신으로는 죄의 법을 섬기노라

Thanks be to God–through Jesus Christ our Lord! So then, I myself in my mind am a slave to God's law, but in the sinful nature a slave to the law of sin.

covet vt.탐내다 | opportunity n.기회 | afford vt.제공하다 | commandment n.계명 | spring v.뛰어오르다 | actually ad.실제로 | recognize vt.인정하다 | utterly ad.완전히 | inner a.안의 | delight n.기쁨 | wage vt.수행하다 | prisoner n.죄수 | wretched a.비참한 | rescue vt.구하다

두 가지 법

바울이 고백하는 대로 하나님의 사람들의 속에 두 마음이 존재한다. 선을 행하려는 마음이 그 속에 있으나 악도 함께 있다는 것이다. 영의 사람은 하나님의 법을 즐거워하나 영을 둘러싸고 있는 육체는 죄의 법에게 사로잡힌다는 것

이다. 그래서 그도 그의 곤고함을 토로했다. 하지만 예수 그리스도께 자신을 의탁하면 그가 싸우심을 바울은 알았다(갈라디아서2:20). 그리스도의 사람들은 안다. 그리스도가 그들의 능력이심을.

Thanks be to God—through Jesus Christ our Lord!

8장

성령으로 말미암는 생명 (8:1–17)

1

Therefore, there is now no condemnation

그러므로 결코 정죄함이 없나니

Therefore, there is now no condemnation **for those who are in Christ Jesus,**

그러므로 이제 그리스도 예수 안에 있는 자에게는 **결코 정죄함이 없나니**

Therefore, there is now no condemnation for those who are in Christ Jesus,

2

because through Christ Jesus the law of the Spirit of life

이는 그리스도 예수 안에 있는 생명의 성령의 법이

because through Christ Jesus the law of the Spirit of life **set me free**

이는 그리스도 예수 안에 있는 생명의 성령의 법이 너(나)를 해방하였음이라

because through Christ Jesus the law of the Spirit of life set me free **from the law of sin and death.**

이는 그리스도 예수 안에 있는 생명의 성령의 법이 죄와 사망의 법에서 너(나)를 해방하였음이라

because through Christ Jesus the law of the Spirit of life set me free from the law of sin and death.

3 **For what the law was powerless to do**

율법이 할 수 없는 그것을

For what the law was powerless to do **in that it was weakened**

율법이 연약하여 할 수 없는 그것을

For what the law was powerless to do in that it was weakened **by the sinful nature,**

율법이 육신으로 말미암아 연약하여 할 수 없는 그것을

151

For what the law was powerless to do in that it was weakened by the sinful nature, **God did**

율법이 육신으로 말미암아 연약하여 할 수 없는 그것을 하나님은 하시나니

For what the law was powerless to do in that it was weakened by the sinful nature, God did **by sending his own Son**

율법이 육신으로 말미암아 연약하여 할 수 없는 그것을 하나님은 하시나니 곧 자기 아들을 보내어

For what the law was powerless to do in that it was weakened by the sinful nature, God did by sending his own Son **in the likeness of sinful man to be a sin offering.**

율법이 육신으로 말미암아 연약하여 할 수 없는 그것을 하나님은 하시나니 곧 죄로 말미암아 자기 아들을 죄 있는 육신의 모양으로 보내어

For what the law was powerless to do in that it was weakened by the sinful nature, God did by sending his own Son in the likeness of sinful man to be a sin offering. **And so he condemned sin in sinful man,**

율법이 육신으로 말미암아 연약하여 할 수 없는 그것을 하나님은 하시나니 곧 죄로 말미암아 자기 아들을 죄 있는 육신의 모양으로 보내어 육신에 죄를 정하사

For what the law was powerless to do in that it was weakened by the sinful nature, God did by sending his own Son in the likeness of sinful man to be a sin offering. And so he condemned sin in sinful man,

4 **in order that the righteous requirements of the law**

율법의 요구가 (이루어지게 하려) 하심이니라

in order that the righteous requirements of the law **might be fully met in us,**

우리에게 율법의 요구가 이루어지게 하려 하심이니라

in order that the righteous requirements of the law might be fully met in us, **who do not live according to the sinful nature**

육신을 따르지 않는 우리에게 율법의 요구가 이루어지게 하려 하심이니라

in order that the righteous requirements of the law might be fully met in us, who do not live according to the sinful nature **but according to the Spirit.**

육신을 따르지 않고 그 영을 따라 행하는 우리에게 율법의 요구가 이루어지게 하려 하심이니라

in order that the righteous requirements of the law might be fully met in us, who do not live according to the sinful nature but according to the Spirit.

5 **Those who live according to the sinful nature**

육신을 따르는 자는

Those who live according to the sinful nature **have their minds set on what that nature desires;**

육신을 따르는 자는 육신의 일을 생각하나니

Those who live according to the sinful nature have their minds set on what that nature desires; **but those who live in accordance with the Spirit**

육신을 따르는 자는 육신의 일을 생각하며 영을 따르는 자는

Those who live according to the sinful nature have their minds set on what that nature desires; but those who live in accordance with the Spirit **have their minds set on what the Spirit desires.**

육신을 따르는 자는 육신의 일을, 영을 따르는 자는 영의 일을 생각하나니

Those who live according to the sinful nature have their minds set on what that nature desires; but those who live in accordance with the Spirit have their minds set on what the Spirit desires.

6 **The mind of sinful man is death,**

육신의 생각은 사망이요

The mind of sinful man is death, **but the mind controlled by the Spirit**

육신의 생각은 사망이요 영의 생각은

The mind of sinful man is death, but the mind controlled by the Spirit **is life and peace;**

육신의 생각은 사망이요 영의 생각은 생명과 평안이니라

The mind of sinful man is death, but the mind controlled by the Spirit is life and peace;

7 **the sinful mind is hostile to God.**

육신의 생각은 하나님과 원수가 되나니

the sinful mind is hostile to God. **It does not submit to God' s law,**

육신의 생각은 하나님과 원수가 되나니 하나님의 법에 굴복하지 아니할 뿐 아니라

the sinful mind is hostile to God. It does not submit to God' s law, **nor can it do so.**

육신의 생각은 하나님과 원수가 되나니 이는 하나님의 법에 굴복하지 아니할 뿐 아니라 할 수도 없음이라

the sinful mind is hostile to God. It does not submit to God' s law, nor can it do so.

8 **Those controlled by the sinful nature**

육신에 있는 자들은

Those controlled by the sinful nature **cannot please God.**

육신에 있는 자들은 하나님을 기쁘시게 할 수 없느니라

Those controlled by the sinful nature cannot please God.

9 **You, however, are controlled not by the sinful nature**

너희가 육신에 있지 아니하고

You, however, are controlled not by the sinful nature **but by the Spirit,**

너희가 육신에 있지 아니하고 영에 있나니

You, however, are controlled not by the sinful nature but by the Spirit, **if the Spirit of God lives in you.**

만일 너희 속에 하나님의 영이 거하시면 너희가 육신에 있지 아니하고 영에 있나니

You, however, are controlled not by the sinful nature but by the

Spirit, if the Spirit of God lives in you. **And if anyone does not have the Spirit of Christ,**

만일 너희 속에 하나님의 영이 거하시면 너희가 육신에 있지 아니하고 영에 있나니 누구든지 그리스도의 영이 없으면

You, however, are controlled not by the sinful nature but by the Spirit, if the Spirit of God lives in you. And if anyone does not have the Spirit of Christ, **he does not belong to Christ.**

만일 너희 속에 하나님의 영이 거하시면 너희가 육신에 있지 아니하고 영에 있나니 누구든지 그리스도의 영이 없으면 그리스도의 사람이 아니라

You, however, are controlled not by the sinful nature but by the Spirit, if the Spirit of God lives in you. And if anyone does not have the Spirit of Christ, he does not belong to Christ.

10 **But if Christ is in you,**

또 그리스도께서 너희 안에 계시면

But if Christ is in you, **your body is dead because of sin,**

또 그리스도께서 너희 안에 계시면 몸은 죄로 말미암아 죽은 것이나

But if Christ is in you, your body is dead because of sin, **yet your spirit is alive**

또 그리스도께서 너희 안에 계시면 몸은 죄로 말미암아 죽은 것이나 영은 살아 있는 것이니라

But if Christ is in you, your body is dead because of sin, yet your spirit is alive **because of righteousness.**

또 그리스도께서 너희 안에 계시면 몸은 죄로 말미암아 죽은 것이나 영은 의로 말미암아 살아 있는 것이니라

But if Christ is in you, your body is dead because of sin, yet your spirit is alive because of righteousness.

11 **And if the Spirit of him who raised Jesus**

만일 예수를 살리신 이의 영이

And if the Spirit of him who raised Jesus **from the dead**

만일 예수를 죽은 자 가운데서 살리신 이의 영이

And if the Spirit of him who raised Jesus from the dead **is living in you,**

예수를 죽은 자 가운데서 살리신 이의 영이 너희 안에 거하시면

And if the Spirit of him who raised Jesus from the dead is living in you, **he who raised Christ from the dead**

예수를 죽은 자 가운데서 살리신 이의 영이 너희 안에 거하시면 그리스도 예수를 죽은 자 가운데서 살리신 이가

And if the Spirit of him who raised Jesus from the dead is living in you, he who raised Christ from the dead **will also give life to your mortal bodies**

예수를 죽은 자 가운데서 살리신 이의 영이 너희 안에 거하시면 그리스도 예수를 죽은 자 가운데서 살리신 이가 너희 죽을 몸도 살리시리라

And if the Spirit of him who raised Jesus from the dead is living in you, he who raised Christ from the dead will also give life to your mortal bodies **through his Spirit, who lives in you.**

예수를 죽은 자 가운데서 살리신 이의 영이 너희 안에 거하시면 그리스도 예수를 죽은 자 가운데서 살리신 이가 너희 안에 거하시는 그의 영으로 말미암아 너희 죽을 몸도 살리시리라

And if the Spirit of him who raised Jesus from the dead is living in you, he who raised Christ from the dead will also give life to your mortal bodies through his Spirit, who lives in you.

12 **Therefore, brothers, we have an obligation—**

그러므로 형제들아 우리가 빚진 자로되

Therefore, brothers, we have an obligation—**but it is not to the sinful nature,**

그러므로 형제들아 우리가 빚진 자로되 육신대로 살 것이 아니니라

Therefore, brothers, we have an obligation—but it is not to the sinful nature, **to live according to it.**

그러므로 형제들아 우리가 빚진 자로되 육신에게 저서 육신대로 살 것이 아니니라

Therefore, brothers, we have an obligation—but it is not to the sinful nature, to live according to it.

13 **For if you live according to the sinful nature,**

너희가 육신대로 살면

For if you live according to the sinful nature, **you will die;**

너희가 육신대로 살면 반드시 죽을 것이로되

For if you live according to the sinful nature, you will die; **but if by the Spirit**

너희가 육신대로 살면 반드시 죽을 것이로되 영으로써

For if you live according to the sinful nature, you will die; but if by the Spirit **you put to death the misdeeds of the body,**

너희가 육신대로 살면 반드시 죽을 것이로되 영으로써 몸의 행실을 죽이면

For if you live according to the sinful nature, you will die; but if by the Spirit you put to death the misdeeds of the body, **you will live,**

너희가 육신대로 살면 반드시 죽을 것이로되 영으로써 몸의 행실을 죽이면 살리니

For if you live according to the sinful nature, you will die; but if by the Spirit you put to death the misdeeds of the body, you will live,

14 **because those who are led by the Spirit of God**

무릇 하나님의 영으로 인도함을 받는 사람은

because those who are led by the Spirit of God **are sons of God.**

무릇 하나님의 영으로 인도함을 받는 사람은 곧 하나님의 아들이라

because those who are led by the Spirit of God are sons of God.

15 **For you did not receive**

너희는 받지 아니하고

For you did not receive **a spirit that makes you a slave**

너희는 종의 영을 받지 아니하고

For you did not receive a spirit that makes you a slave **again to fear,**

너희는 다시 무서워하는 종의 영을 받지 아니하고

For you did not receive a spirit that makes you a slave again to fear, **but you received the Spirit of sonship.**

너희는 다시 무서워하는 종의 영을 받지 아니하고 양자의 영을 받았으므로

For you did not receive a spirit that makes you a slave again to fear, but you received the Spirit of sonship. **And by him we cry, "Abba, Father."**

너희는 다시 무서워하는 종의 영을 받지 아니하고 양자의 영을 받았으므로 우리가 아빠 아버지라고 부르짖느니라

For you did not receive a spirit that makes you a slave again to fear, but you received the Spirit of sonship. And by him we cry, "Abba, Father."

16 **The Spirit himself testifies**

성령이 친히 증언하시나니

The Spirit himself testifies **with our spirit**

성령이 친히 우리의 영과 더불어 증언하시나니

The Spirit himself testifies with our spirit **that we are God's children.**

성령이 친히 우리의 영과 더불어 우리가 하나님의 자녀인 것을 증언하시나니

The Spirit himself testifies with our spirit that we are God's children.

17 **Now if we are children, then we are heirs—**

자녀이면 또한 상속자

Now if we are children, then we are heirs—**heirs of God**

자녀이면 또한 상속자 곧 하나님의 상속자요

Now if we are children, then we are heirs—heirs of God **and co-heirs with Christ,**

자녀이면 또한 상속자 곧 하나님의 상속자요 그리스도와 함께한 상속자니

159

Now if we are children, then we are heirs—heirs of God and co-heirs with Christ, **if indeed we share in his sufferings**

자녀이면 또한 상속자 곧 하나님의 상속자요 그리스도와 함께한 상속자니 우리가 그와 함께 고난도 함께 받아야 할 것이니라

Now if we are children, then we are heirs—heirs of God and co-heirs with Christ, if indeed we share in his sufferings **in order that we may also share in his glory.**

자녀이면 또한 상속자 곧 하나님의 상속자요 그리스도와 함께한 상속자니 우리가 그와 함께 영광을 받기 위하여 고난도 함께 받아야 할 것이니라

Now if we are children, then we are heirs—heirs of God and co-heirs with Christ, if indeed we share in his sufferings in order that we may also share in his glory.

powerless a.무력한 | weaken vt.약화시키다 | likeness n.비슷함 | requirement n.요구사항 | controlled a.통제된 | hostile a.적대적인 | submit vt.복종하다 | obligation n.의무 | misdeed n.나쁜 짓 | sonship n.아들의 신분 | Abba n.아바, 하나님 아버지 | heirs n.상속자들 | co-heirs n.공동 상속인들

생명의 성령의 법

죄와 사망의 법에 얽매여 있는 우리를 그리스도 예수 안에 있는 생명의 성령의 법이 우리를 해방했다. 해방된 노예들은 전날의 주인으로 돌아가지 않는다. 우리는 다시는 전날의 무시무시했던 종의 영을 받지 않는다. 대신 하나님의 자녀가 되어 그를 아바 아버지라 부른다. 그러기에 다시는 육신의 소욕대로 살므로 죄의 종이 되지 않고 하나님의 자녀로 살아 그리스도와 함께 그 나라를 상속받는 그의 자녀가 된다. 장차 우리가 그리스도와 함께 영광을 받기 위하여 그와 함께 이 땅에서 죄와 싸우는 고난을 기쁘게 받아야 한다. 성령님도 친히 우리가 하나님의 자녀인 것을 증언하신다. 할렐루야!

By him we cry, "Abba, Father."

장차 나타날 영광 (8:18-27)

18 I consider that our present sufferings
생각하건대 현재의 고난은

I consider that our present sufferings **are not worth comparing**

with the glory

생각하건대 현재의 고난은 영광과 비교할 수 없도다

I consider that our present sufferings are not worth comparing with the glory **that will be revealed in us.**

생각하건대 현재의 고난은 장차 우리에게 나타날 영광과 비교할 수 없도다

I consider that our present sufferings are not worth comparing with the glory that will be revealed in us.

19 The creation waits in eager expectation

피조물이 고대하는 바는

The creation waits in eager expectation **for the sons of God to be revealed.**

피조물이 고대하는 바는 하나님의 아들들이 나타나는 것이니

The creation waits in eager expectation for the sons of God to be revealed.

20 For the creation was subjected to frustration,

피조물이 허무한 데 굴복하는 것은

For the creation was subjected to frustration, **not by its own choice,**

피조물이 허무한 데 굴복하는 것은 자기 뜻이 아니요

For the creation was subjected to frustration, not by its own choice, **but by the will of the one**

피조물이 허무한 데 굴복하는 것은 자기 뜻이 아니요 오직 그로 말미암음이라

For the creation was subjected to frustration, not by its own choice, but by the will of the one **who subjected it, in hope**

피조물이 허무한 데 굴복하는 것은 자기 뜻이 아니요 오직 굴복하게 하시는 이로 말미암음이라

For the creation was subjected to frustration, not by its own choice, but by the will of the one who subjected it, in hope

21 **that the creation itself will be liberated**
피조물도 해방되어 자유에 이르는 것이니라

that the creation itself will be liberated **from its bondage to decay**
그 바라는 것은 피조물도 썩어짐의 종노릇 한 데서 해방되어 자유에 이르는 것이니라

that the creation itself will be liberated from its bondage to decay **and brought into the glorious freedom**
그 바라는 것은 피조물도 썩어짐의 종노릇 한 데서 해방되어 영광의 자유에 이르는 것이니라

that the creation itself will be liberated from its bondage to decay and brought into the glorious freedom **of the children of God.**
그 바라는 것은 피조물도 썩어짐의 종노릇 한 데서 해방되어 하나님의 자녀들의 영광의 자유에 이르는 것이니라

162

that the creation itself will be liberated from its bondage to decay and brought into the glorious freedom of the children of God.

22 **We know that the whole creation has been groaning**
다 함께 탄식하는 것을 우리가 아느니라

We know that the whole creation has been groaning **as in the pains of childbirth**
피조물이 다 함께 탄식하며 고통을 겪고 있는 것을 우리가 아느니라

We know that the whole creation has been groaning as in the pains of childbirth **right up to the present time.**
피조물이 다 이제까지 함께 탄식하며 함께 고통을 겪고 있는 것을 우리가 아느니라

We know that the whole creation has been groaning as in the pains of childbirth right up to the present time.

23
Not only so, but we ourselves,
그뿐 아니라 또한 우리

Not only so, but we ourselves, **who have the firstfruits of the Spirit,**
그뿐 아니라 또한 우리 곧 성령의 처음 익은 열매를 받은 우리까지도

Not only so, but we ourselves, who have the firstfruits of the Spirit, **groan inwardly**
그뿐 아니라 또한 우리 곧 성령의 처음 익은 열매를 받은 우리까지도 속으로 탄식하여

Not only so, but we ourselves, who have the firstfruits of the Spirit, groan inwardly **as we wait eagerly for our adoption as sons,**
그뿐 아니라 또한 우리 곧 성령의 처음 익은 열매를 받은 우리까지도 속으로 탄식하여 양자 될 것을 기다리느니라

Not only so, but we ourselves, who have the firstfruits of the Spirit, groan inwardly as we wait eagerly for our adoption as sons, **the redemption of our bodies.**
그뿐 아니라 또한 우리 곧 성령의 처음 익은 열매를 받은 우리까지도 속으로 탄식하여 양자 될 것 곧 우리 몸의 속량을 기다리느니라

Not only so, but we ourselves, who have the firstfruits of the Spirit, groan inwardly as we wait eagerly for our adoption as sons, the redemption of our bodies.

24
For in this hope we were saved.
우리가 소망으로 구원을 얻었으매

For in this hope we were saved. **But hope that is seen is no hope at all.**
우리가 소망으로 구원을 얻었으매 보이는 소망이 소망이 아니니

For in this hope we were saved. But hope that is seen is no hope at all. **Who hopes for what he already has?**

우리가 소망으로 구원을 얻었으매 보이는 소망이 소망이 아니니 보는 것을 누가 바라리오

For in this hope we were saved. But hope that is seen is no hope at all. Who hopes for what he already has?

25 But if we hope for

만일 우리가 바라면

But if we hope for **what we do not yet have,**

만일 우리가 보지 못하는 것을 바라면

But if we hope for what we do not yet have, **we wait for it patiently.**

만일 우리가 보지 못하는 것을 바라면 참음으로 기다릴지니라

164

But if we hope for what we do not yet have, we wait for it patiently.

26 In the same way,

이와 같이

In the same way, **the Spirit helps us in our weakness.**

이와 같이 성령도 우리의 연약함을 도우시나니

In the same way, the Spirit helps us in our weakness. **We do not know what we ought to pray for,**

이와 같이 성령도 우리의 연약함을 도우시나니 우리는 마땅히 기도할 바를 알지 못하나

In the same way, the Spirit helps us in our weakness. We do not know what we ought to pray for, **but the Spirit himself intercedes for us**

이와 같이 성령도 우리의 연약함을 도우시나니 우리는 마땅히 기도할 바를 알지 못하나 오직 성령이 우리를 위하여 친히 간구하시느니라

In the same way, the Spirit helps us in our weakness. We do not know what we ought to pray for, but the Spirit himself intercedes for us **with groans that words cannot express.**

이와 같이 성령도 우리의 연약함을 도우시나니 우리는 마땅히 기도할 바를 알지 못하나 오직 성령이 말할 수 없는 탄식으로 우리를 위하여 친히 간구하시느니라

In the same way, the Spirit helps us in our weakness. We do not know what we ought to pray for, but the Spirit himself intercedes for us with groans that words cannot express.

27 **And he who searches our hearts**

마음을 살피시는 이가

And he who searches our hearts **knows the mind of the Spirit,**

마음을 살피시는 이가 성령의 생각을 아시나니

165

And he who searches our hearts knows the mind of the Spirit, **because the Spirit intercedes for the saints in accordance with God's will.**

마음을 살피시는 이가 성령의 생각을 아시나니 이는 성령이 성도를 위하여 간구하심이니라

And he who searches our hearts knows the mind of the Spirit, because the Spirit intercedes for the saints **in accordance with God's will.**

마음을 살피시는 이가 성령의 생각을 아시나니 이는 성령이 하나님의 뜻대로 성도를 위하여 간구하심이니라

And he who searches our hearts knows the mind of the Spirit, because the Spirit intercedes for the saints in accordance with God's will.

comparing n.비교 | reveal vt.나타내다 | creation n.창조 | eager n. 열망 | expectation n.기대 | frustration n.좌절 | subject vt.복종시키다 | liberate vt.해방시키다 | bondage n.속박 | decay vi.썩다 | groan vi.신음하다 | childbirth n.분만, 해산 | firstfruits n.첫 열매 | adoption n.입양 | redemption n.속량, 구속 | patiently ad.끈기 있게 | ought to -해야 한다 | intercede vt.중재하다 | express vt.표현하다 | saints n.성인들, 성도 | accordance n.일치

성령님이 도우신다

구원받은 우리는 혼자서 이 땅을 살아가지 않는다. 이미 우리는 그리스도로 말미암아 하나님의 자녀, 곧 그의 상속자가 되었으므로 우린 이 땅에서 혼자서 죄와 싸우지 않는다. 싸움은 우리의 일이지만 성령님이 우리의 승리를 위해 하나님께 친히 간구하신다. 연약한 우리를 위해 그가 말할 수 없는 탄식으로 기도를 올리신다. 싸우기만 한다면 승리는 우리의 것이다. 할렐루야!

He who searches our hearts knows the mind of the Spirit, because the Spirit intercedes for the saints in accordance with God's will.

누가 우리를 대적하리오 (8:28-39)

28 And we know that in all things
우리가 알거니와 모든 것이

And we know that in all things **God works for the good**
우리가 알거니와 (하나님은) 모든 것이 합력하여 선을 이루느니라

And we know that in all things God works for the good **of those who love him,**

우리가 알거니와 하나님을 사랑하는 자들에게는 모든 것이 합력하여 선을 이루느니라

And we know that in all things God works for the good of those who love him, **who have been called**

우리가 알거니와 하나님을 사랑하는 자 곧 부르심을 입은 자들에게는 모든 것이 합력하여 선을 이루느니라

And we know that in all things God works for the good of those who love him, who have been called **according to his purpose.**

우리가 알거니와 하나님을 사랑하는 자 곧 그의 뜻대로 부르심을 입은 자들에게는 모든 것이 합력하여 선을 이루느니라

And we know that in all things God works for the good of those who love him, who have been called according to his purpose.

29 **For those God foreknew**

하나님이 미리 아신 자들을

For those God foreknew **he also predestined**

하나님이 미리 아신 자들을 또한 미리 정하셨으니

For those God foreknew he also predestined to **be conformed to the likeness of his Son,**

하나님이 미리 아신 자들을 또한 그 아들의 형상을 본받게 하기 위하여 미리 정하셨으니

For those God foreknew he also predestined to be conformed to the likeness of his Son, **that he might be the firstborn**

하나님이 미리 아신 자들을 또한 그 아들의 형상을 본받게 하기 위하여 미리 정하셨으니 이는 그로 맏아들이 되게 하려 하심이니라

For those God foreknew he also predestined to be conformed to the likeness of his Son, that he might be the firstborn **among many brothers.**

하나님이 미리 아신 자들을 또한 그 아들의 형상을 본받게 하기 위하여 미리 정하셨으니 이는 그로 많은 형제 중에서 맏아들이 되게 하려 하심이니라

For those God foreknew he also predestined to be conformed to the likeness of his Son, that he might be the firstborn among many brothers.

30 **And those he predestined,**

또 미리 정하신 그들을

And those he predestined, **he also called;**

또 미리 정하신 그들을 또한 부르시고

And those he predestined, he also called; **those he called, he also justified;**

또 미리 정하신 그들을 또한 부르시고 부르신 그들을 또한 의롭다 하시고

And those he predestined, he also called; those he called, he also justified; **those he justified, he also glorified.**

또 미리 정하신 그들을 또한 부르시고 부르신 그들을 또한 의롭다 하시고 의롭다 하신 그들을 또한 영화롭게 하셨느니라

And those he predestined, he also called; those he called, he also justified; those he justified, he also glorified.

31 **What, then, shall we say**

그런즉 우리가 무슨 말 하리요

What, then, shall we say **in response to this?**

그런즉 이 일에 대하여 우리가 무슨 말 하리요

What, then, shall we say in response to this? **If God is for us,**

그런즉 이 일에 대하여 우리가 무슨 말 하리요 만일 하나님이 우리를 위하시면

What, then, shall we say in response to this? If God is for us, **who can be against us?**

그런즉 이 일에 대하여 우리가 무슨 말 하리요 만일 하나님이 우리를 위하시면 누가 우리를 대적하리요

What, then, shall we say in response to this? If God is for us, who can be against us?

32 **He who did not spare his own Son,**

자기 아들을 아끼지 아니하시고

He who did not spare his own Son, **but gave him up for us all—**

자기 아들을 아끼지 아니하시고 우리 모든 사람을 위하여 내주신 이가

He who did not spare his own Son, but gave him up for us all—**how will he not also,**

자기 아들을 아끼지 아니하시고 우리 모든 사람을 위하여 내주신 이가 어찌 아니하겠느냐

He who did not spare his own Son, but gave him up for us all—how will he not also, **along with him,**

자기 아들을 아끼지 아니하시고 우리 모든 사람을 위하여 내주신 이가 어찌 그 아들과 함께 아니하겠느냐

He who did not spare his own Son, but gave him up for us all—how will he not also, along with him, **graciously give us all things?**

자기 아들을 아끼지 아니하시고 우리 모든 사람을 위하여 내주신 이가 어찌 그 아들과 함께 모든 것을 우리에게 주시지 아니하겠느냐

He who did not spare his own Son, but gave him up for us all— how will he not also, along with him, graciously give us all things?

33 **Who will bring any charge against**

누가 능히 고발하리요

Who will bring any charge **against those whom God has chosen?**

누가 능히 하나님께서 택하신 자들을 고발하리요

Who will bring any charge against those whom God has chosen? **It is God who justifies.**

누가 능히 하나님께서 택하신 자들을 고발하리요 의롭다 하신 이는 하나님이시니

Who will bring any charge against those whom God has chosen? It is God who justifies.

34 **Who is he that condemns?**

누가 정죄하리요

Who is he that condemns? **Christ Jesus, who died—**

누가 정죄하리요 죽으신 이는 그리스도 예수시니

Who is he that condemns? Christ Jesus, who died—**more than that, who was raised to life—**

누가 정죄하리요 죽으실 뿐 아니라 다시 살아나신 이는 그리스도 예수시니

Who is he that condemns? Christ Jesus, who died—more than that, who was raised to life—**is at the right hand of God**

누가 정죄하리요 죽으실 뿐 아니라 다시 살아나신 이는 그리스도 예수시니 그는 하나님 우편에 계신 자요

Who is he that condemns? Christ Jesus, who died—more than that, who was raised to life—is at the right hand of God **and is also interceding for us.**

누가 정죄하리요 죽으실 뿐 아니라 다시 살아나신 이는 그리스도 예수시니 그는 하나님 우편에 계신 자요 우리를 위하여 간구하시는 자시니라

Who is he that condemns? Christ Jesus, who died—more than that, who was raised to life—is at the right hand of God and is also interceding for us.

35

Who shall separate us from the love of Christ?
누가 우리를 그리스도의 사랑에서 끊으리오

Who shall separate us from the love of Christ? **Shall trouble or hardship**
누가 우리를 그리스도의 사랑에서 끊으리오 환난이나 곤고나

Who shall separate us from the love of Christ? Shall trouble or hardship or **persecution or famine**
누가 우리를 그리스도의 사랑에서 끊으리오 환난이나 곤고나 박해나 기근이나

Who shall separate us from the love of Christ? Shall trouble or hardship or persecution or famine **or nakedness or danger or sword?**
누가 우리를 그리스도의 사랑에서 끊으리오 환난이나 곤고나 박해나 기근이나 적신이나 위험이나 칼이랴

Who shall separate us from the love of Christ? Shall trouble or hardship or persecution or famine or nakedness or danger or sword?

171

36

As it is written:
기록된바

As it is written: "**For your sake**
기록된바 우리가 주를 위하여

As it is written: "For your sake **we face death all day long;**
기록된바 우리가 종일 주를 위하여 죽임을 당하게 되며

As it is written: "For your sake we face death all day long; **we are considered as sheep**
기록된바 우리가 종일 주를 위하여 죽임을 당하게 되며 양 같이 여김을 받았나이다

As it is written: "For your sake we face death all day long; we are considered as sheep **to be slaughtered."**
기록된바 우리가 종일 주를 위하여 죽임을 당하게 되며 도살당할 양 같이 여김을 받았나이다 함과 같으니라

As it is written: "For your sake we face death all day long; we are considered as sheep to be slaughtered."

37 No, in all these things
그러나 이 모든 일에

No, in all these things **we are more than conquerors**
그러나 이 모든 일에 우리가 넉넉히 이기느니라

No, in all these things we are more than conquerors **through him who loved us.**
그러나 이 모든 일에 우리를 사랑하시는 이로 말미암아 우리가 넉넉히 이기느니라

No, in all these things we are more than conquerors through him who loved us.

38 For I am convinced
내가 확신하노니

For I am convinced **that neither death nor life,**
내가 확신하노니 사망이나 생명이나

For I am convinced that neither death nor life, **neither angels nor demons,**
내가 확신하노니 사망이나 생명이나 천사들이나 권세자들이나

For I am convinced that neither death nor life, neither angels nor demons, **neither the present nor the future,**

내가 확신하노니 사망이나 생명이나 천사들이나 권세자들이나 현재 일이나 장래 일이나

For I am convinced that neither death nor life, neither angels nor demons, neither the present nor the future, **nor any powers,**

내가 확신하노니 사망이나 생명이나 천사들이나 권세자들이나 현재 일이나 장래 일이나 능력이나

For I am convinced that neither death nor life, neither angels nor demons, neither the present nor the future, nor any powers,

39 **neither height nor depth,**

높음이나 깊음이나

neither height nor depth, **nor anything else in all creation,**

높음이나 깊음이나 다른 어떤 피조물이라도

173

neither height nor depth, nor anything else in all creation, **will be able to separate us**

높음이나 깊음이나 다른 어떤 피조물이라도 우리를 끊을 수 (없)으리라

neither height nor depth, nor anything else in all creation, will be able to separate us **from the love of God**

높음이나 깊음이나 다른 어떤 피조물이라도 우리를 하나님의 사랑에서 끊을 수 없으리라

neither height nor depth, nor anything else in all creation, will be able to separate us from the love of God **that is in Christ Jesus our Lord.**

높음이나 깊음이나 다른 어떤 피조물이라도 우리를 우리 주 그리스도 예수 안에 있는 하나님의 사랑에서 끊을 수 없으리라

neither height nor depth, nor anything else in all creation, will be able to separate us from the love of God that is in Christ Jesus our Lord.

foreknow vt.미리 알다 | predestine vt.미리 운명지우다 | likeness n.비슷함 | firstborn a.처음 태어난 | response n.응답 | spare v.용서하다 | graciously ad.자비롭게 | charge vt.부담시키다 | choose vt.선택하다 | separate vt.분리하다 | trouble n.환란 | hardship n.곤란 | persecution n.박해 | famine n.굶주림 | nakedness n.결핍, 벌거숭이 | danger n.위험 | sword n.칼 | sake n.목적 | slaughter n.도살 | conqueror n.정복자 | convinced a.확신하는 | angels n.천사들 | demons n.악마들 | creation n.창조

174

하나님이 우리를 위하시면

누가 우리를 그리스도의 사랑에서 끊으리오, 환란이나 곤고나 박해나 기근이나 위험이나 칼이랴. 사망이나 생명이나 천사들이나 권세자들이나 현재 일이나 장래 일이나 능력이나 높음이나 깊음이나 다른 어떤 피조물이라도 우리를 우리 주 그리스도 안에 있는 하나님의 사랑에서 끊을 수 없다. 할렐루야!

PART 3

로마서 영어로
통째 외우기

9장

하나님의 주권적인 선택 (9:1-29)

1 **I speak the truth in Christ—**
내가 그리스도 안에서 참말을 하고

I speak the truth in Christ—**I am not lying,**
내가 그리스도 안에서 참말을 하고 거짓말을 아니하노라

I speak the truth in Christ—I am not lying, **my conscience confirms it**
내가 그리스도 안에서 참말을 하고 거짓말을 아니하노라 내 양심이 증언하노니

I speak the truth in Christ—I am not lying, my conscience confirms it
in the Holy Spirit—
내가 그리스도 안에서 참말을 하고 거짓말을 아니하노라 내 양심이 성령 안에서 나
와 더불어 증언하노니

**I speak the truth in Christ—I am not lying, my conscience
confirms it in the Holy Spirit—**

2 **I have great sorrow**
나에게 큰 근심이 있는 것과

I have great sorrow **and unceasing anguish in my heart.**
나에게 큰 근심이 있는 것과 마음에 그치지 않는 고통이 있는 것을

I have great sorrow and unceasing anguish in my heart.

3 **For I could wish**

나의 원하는 바로라

For I could wish that I myself were cursed

내 자신이 저주를 받을지라도 원하는 바로라

For I could wish that I myself were cursed **and cut off from Christ**

내 자신이 저주를 받아 그리스도에게서 끊어질지라도 원하는 바로라

For I could wish that I myself were cursed and cut off from Christ **for the sake of my brothers,**

나의 형제 위하여 내 자신이 저주를 받아 그리스도에게서 끊어질지라도 원하는 바로라

For I could wish that I myself were cursed and cut off from Christ for the sake of my brothers, **those of my own race,**

나의 형제 곧 골육의 친척을 위하여 내 자신이 저주를 받아 그리스도에게서 끊어질지라도 원하는 바로라

For I could wish that I myself were cursed and cut off from Christ for the sake of my brothers, those of my own race,

4 **the people of Israel.**

그들은 이스라엘 사람이라

the people of Israel. **Theirs is the adoption as sons;**

그들은 이스라엘 사람이라 그들에게는 양자됨과

the people of Israel. Theirs is the adoption as sons; **theirs the divine glory,**

그들은 이스라엘 사람이라 그들에게는 양자됨과 영광과

the people of Israel. Theirs is the adoption as sons; theirs the divine glory, **the covenants, the receiving of the law,**

그들은 이스라엘 사람이라 그들에게는 양자됨과 영광과 언약들과 율법을 세우신 것과

the people of Israel. Theirs is the adoption as sons; theirs the divine glory, the covenants, the receiving of the law, **the temple worship and the promises.**

그들은 이스라엘 사람이라 그들에게는 양자됨과 영광과 언약들과 율법을 세우신 것과 예배와 약속들이 있고

the people of Israel. Theirs is the adoption as sons; theirs the divine glory, the covenants, the receiving of the law, the temple worship and the promises.

5 **Theirs are the patriarchs,**

조상들도 그들의 것이요

Theirs are the patriarchs, **and from them is traced the human ancestry of Christ,**

조상들도 그들의 것이요 육신으로 하면 그리스도가 그들에게서 나셨으니

Theirs are the patriarchs, and from them is traced the human ancestry of Christ, **who is God over all,**

조상들도 그들의 것이요 육신으로 하면 그리스도가 그들에게서 나셨으니 그는 만물 위에 계셔서

Theirs are the patriarchs, and from them is traced the human ancestry of Christ, who is God over all, **forever praised! Amen.**

조상들도 그들의 것이요 육신으로 하면 그리스도가 그들에게서 나셨으니 그는 만물 위에 계셔서 세세에 찬양을 받으실 하나님이시니라 아멘

Theirs are the patriarchs, and from them is traced the human ancestry of Christ, who is God over all, forever praised! Amen.

6 **It is not as though God's word had failed.**

그러나 하나님의 말씀이 폐하여진 것 같지 않도다

It is not as though God' s word had failed. **For not all who are descended from Israel are Israel.**

그러나 하나님의 말씀이 폐하여진 것 같지 않도다 이스라엘에게서 난 그들이 다 이스라엘이 아니요

It is not as though God' s word had failed. For not all who are descended from Israel are Israel.

7 **Nor because they are his descendants**

그의 자녀가 아니라

Nor because they are his descendants **are they all Abraham' s children.**

또한 아브라함의 씨가 다 그의 자녀가 아니라

Nor because they are his descendants are they all Abraham' s children. **On the contrary,**

또한 아브라함의 씨가 다 그의 자녀가 아니라 오직

179

Nor because they are his descendants are they all Abraham' s children. On the contrary, **"It is through Isaac**

또한 아브라함의 씨가 다 그의 자녀가 아니라 오직 이삭으로부터 난 자라야

Nor because they are his descendants are they all Abraham' s children. On the contrary, "It is through Isaac **that your offspring will be reckoned."**

또한 아브라함의 씨가 다 그의 자녀가 아니라 오직 이삭으로부터 난 자라야 네 씨라 불리리라 하셨으니

Nor because they are his descendants are they all Abraham' s children. On the contrary, "It is through Isaac that your offspring will be reckoned."

8 **In other words,**

곧

In other words, **it is not the natural children**

곧 육신의 자녀가 아니요

In other words, it is not the natural children **who are God's children,**

곧 육신의 자녀가 하나님의 자녀가 아니요

In other words, it is not the natural children who are God's children, **but it is the children of the promise**

곧 육신의 자녀가 하나님의 자녀가 아니요 오직 약속의 자녀이다

In other words, it is not the natural children who are God's children, but it is the children of the promise **who are regarded as Abraham's offspring.**

곧 육신의 자녀가 하나님의 자녀가 아니요 오직 약속의 자녀가 씨로 여기심을 받느 니라

In other words, it is not the natural children who are God's children, but it is the children of the promise who are regarded as Abraham's offspring.

9 **For this was how the promise was stated:**

약속의 말씀은 이것이니

For this was how the promise was stated: **"At the appointed time I will return,**

약속의 말씀은 이것이니 명년 이 때에 내가 이르리니

For this was how the promise was stated: "At the appointed time I will return, **and Sarah will have a son."**

약속의 말씀은 이것이니 명년 이 때에 내가 이르리니 사라에게 아들이 있으리라 하 심이라

For this was how the promise was stated: "At the appointed time I will return, and Sarah will have a son."

Not only that,

그뿐 아니라

Not only that, **but Rebekah's children had one**

그뿐 아니라 또한 리브가가 임신하였는데

Not only that, but Rebekah's children had one **and the same father, our father Isaac.**

그뿐 아니라 또한 리브가가 우리 조상 이삭 한 사람으로 말미암아 임신하였는데

Not only that, but Rebekah's children had one and the same father, our father Isaac.

Yet, before the twins were born

그 자식들이 아직 나지도 아니하고

Yet, before the twins were born **or had done anything good or bad**

그 자식들이 아직 나지도 아니하고 무슨 선이나 악을 행하지 아니한 때에

Yet, before the twins were born or had done anything good or bad– **in order that God's purpose in election might stand:**

그 자식들이 아직 나지도 아니하고 무슨 선이나 악을 행하지 아니한 때에 하나님의 뜻을 따라

Yet, before the twins were born or had done anything good or bad– in order that God's purpose **in election might stand:**

그 자식들이 아직 나지도 아니하고 무슨 선이나 악을 행하지 아니한 때에 택하심을 따라 되는 하나님의 뜻이

Yet, before the twins were born or had done anything good or

bad—in order that God's purpose in election might stand:

12 **not by works but by him who calls**
행위로 말미암지 않고 오직 부르시는 이로 말미암아 서게 하려 하사

not by works but by him who calls—**she was told,**
행위로 말미암지 않고 오직 부르시는 이로 말미암아 서게 하려 하사 리브가에게 이르시되

not by works but by him who calls—she was told, **"The older will serve the younger."**
행위로 말미암지 않고 오직 부르시는 이로 말미암아 서게 하려 하사 리브가에게 이르시되 큰 자가 어린 자를 섬기리라 하셨나니

not by works but by him who calls—she was told, "The older will serve the younger."

182

13 **Just as it is written:**
기록된 바 내가

Just as it is written: **"Jacob I loved, but Esau I hated."**
기록된 바 내가 야곱은 사랑하고 에서는 미워하였다 하심과 같으니라

Just as it is written: "Jacob I loved, but Esau I hated."

14 **What then shall we say?**
그런즉 우리가 무슨 말을 하리요

What then shall we say? **Is God unjust?**
그런즉 우리가 무슨 말을 하리요 하나님께 불의가 있느냐

What then shall we say? Is God unjust? **Not at all!**
그런즉 우리가 무슨 말을 하리요 하나님께 불의가 있느냐 그럴 수 없느니라

What then shall we say? Is God unjust? Not at all!

15 **For he says to Moses,**
모세에게 이르시되

For he says to Moses, **"I will have mercy on whom I have mercy,**
모세에게 이르시되 내가 긍휼히 여길 자를 긍휼히 여기고

For he says to Moses, "I will have mercy on whom I have mercy,
and I will have compassion
모세에게 이르시되 내가 긍휼히 여길 자를 긍휼히 여기고 불쌍히 여기리라 하셨으니

For he says to Moses, "I will have mercy on whom I have mercy,
and I will have compassion **on whom I have compassion."**
모세에게 이르시되 내가 긍휼히 여길 자를 긍휼히 여기고 불쌍히 여길 자를 불쌍히
여기리라 하셨으니

For he says to Moses, "I will have mercy on whom I have mercy, and I will have compassion on whom I have compassion."

16 **It does not, therefore,**
그런즉

It does not, therefore, **depend on man's desire**
그런즉 원하는 자로 말미암음도 아니요

It does not, therefore, depend on man's desire **or effort,**
그런즉 원하는 자로 말미암음도 아니요 달음박질하는 자로 말미암음도 아니요

It does not, therefore, depend on man's desire or effort, **but on God's mercy.**
그런즉 원하는 자로 말미암음도 아니요 달음박질하는 자로 말미암음도 아니요 오직
긍휼히 여기시는 하나님으로 말미암음이니라

It does not, therefore, depend on man's desire or effort, but on God's mercy.

17 **For the Scripture says to Pharaoh:**

성경이 바로에게 이르시되

For the Scripture says to Pharaoh: "**I raised you up for this very purpose,**

성경이 바로에게 이르시되 내가 이 일을 위하여 너를 세웠으니

For the Scripture says to Pharaoh: "I raised you up for this very purpose, **that I might display my power**

성경이 바로에게 이르시되 내가 이 일을 위하여 너를 세웠으니 내 능력을 보이고

For the Scripture says to Pharaoh: "I raised you up for this very purpose, that I might display my power **in you**

성경이 바로에게 이르시되 내가 이 일을 위하여 너를 세웠으니 곧 너로 말미암아 내 능력을 보이고

For the Scripture says to Pharaoh: "I raised you up for this very purpose, that I might display my power in you **and that my name might be proclaimed**

성경이 바로에게 이르시되 내가 이 일을 위하여 너를 세웠으니 곧 너로 말미암아 내 능력을 보이고 내 이름이 전파되게 하려 함이라 하셨으니

For the Scripture says to Pharaoh: "I raised you up for this very purpose, that I might display my power in you and that my name might be proclaimed **in all the earth.**"

성경이 바로에게 이르시되 내가 이 일을 위하여 너를 세웠으니 곧 너로 말미암아 내 능력을 보이고 내 이름이 온 땅에 전파되게 하려 함이라 하셨으니

For the Scripture says to Pharaoh: "I raised you up for this very purpose, that I might display my power in you and that my name might be proclaimed in all the earth."

18 **Therefore God has mercy**

그런즉 하나님께서 긍휼히 여기시고

Therefore God has mercy **on whom he wants to have mercy,**

그런즉 하나님께서 하고자 하시는 자를 긍휼히 여기시고 하고자

Therefore God has mercy on whom he wants to have mercy, **and he hardens**

그런즉 하나님께서 하고자 하시는 자를 긍휼히 여기시고 완악하게 하시느니라

Therefore God has mercy on whom he wants to have mercy, and he hardens **whom he wants to harden.**

그런즉 하나님께서 하고자 하시는 자를 긍휼히 여기시고 하고자 하시는 자를 완악하게 하시느니라

Therefore God has mercy on whom he wants to have mercy, and he hardens whom he wants to harden.

185

19 **One of you will say to me:**

혹 네가 내게 말하기를

One of you will say to me: **"Then why does God still blame us?**

혹 네가 내게 말하기를 그러면 하나님이 어찌하여 허물하시느냐

One of you will say to me: "Then why does God still blame us? **For who resists his will?"**

혹 네가 내게 말하기를 그러면 하나님이 어찌하여 허물하시느냐 누가 그 뜻을 대적하느냐 하리니

One of you will say to me: "Then why does God still blame us? For who resists his will?"

20 **But who are you, O man,**

이 사람아 네가 누구이기에

But who are you, O man, **to talk back to God?**

이 사람아 네가 누구이기에 감히 하나님께 반문하느냐

But who are you, O man, to talk back to God? **"Shall what is formed**

이 사람아 네가 누구이기에 감히 하나님께 반문하느냐 지음을 받은 물건이

But who are you, O man, to talk back to God? "Shall what is formed **say to him who formed it,**

이 사람아 네가 누구이기에 감히 하나님께 반문하느냐 지음을 받은 물건이 지은 자에게

But who are you, O man, to talk back to God? "Shall what is formed say to him who formed it, **'Why did you make me like this?'"**

이 사람아 네가 누구이기에 감히 하나님께 반문하느냐 지음을 받은 물건이 지은 자에게 어찌 나를 이같이 만들었느냐 말하겠느냐

But who are you, O man, to talk back to God? "Shall what is formed say to him who formed it, 'Why did you make me like this?'"

21 **Does not the potter have the right**

토기장이가 권한이 없느냐

Does not the potter have the right **to make out of the same lump of clay**

토기장이가 진흙 한 덩이로 만들 권한이 없느냐

Does not the potter have the right to make out of the same lump of clay **some pottery for noble purposes**

토기장이가 진흙 한 덩이로 하나는 귀히 쓸 그릇을 만들 권한이 없느냐

Does not the potter have the right to make out of the same lump of clay some pottery for noble purposes **and some for common use?**

토기장이가 진흙 한 덩이로 하나는 귀히 쓸 그릇을, 하나는 천히 쓸 그릇을 만들 권한이 없느냐

Does not the potter have the right to make out of the same lump of clay some pottery for noble purposes and some for common use?

22 **What if God, choosing to show his wrath**
만일 하나님이 그의 진노를 보이시고

What if God, choosing to show his wrath **and make his power known,**
만일 하나님이 그의 진노를 보이시고 그의 능력을 알게 하고자 하사

What if God, choosing to show his wrath and make his power known, **bore with great patience**
만일 하나님이 그의 진노를 보이시고 그의 능력을 알게 하고자 오래 참으심으로 관용하시고

187

What if God, choosing to show his wrath and make his power known, bore with great patience **the objects of his wrath**
만일 하나님이 그의 진노를 보이시고 그의 능력을 알게 하고자 하사 진노의 그릇을 오래 참으심으로 관용하시고

What if God, choosing to show his wrath and make his power known, bore with great patience the objects of his wrath—**prepared for destruction?**
만일 하나님이 그의 진노를 보이시고 그의 능력을 알게 하고자 하사 멸하기로 준비된 진노의 그릇을 오래 참으심으로 관용하시고

What if God, choosing to show his wrath and make his power known, bore with great patience the objects of his wrath—prepared for destruction?

23 **What if he did this**

무슨 말을 하리요

What if he did this **to make the riches of his glory known**

그 영광의 풍성함을 알게 하고자 하셨을지라도 무슨 말을 하리요

What if he did this to make the riches of his glory known **to the objects of his mercy,**

긍휼의 그릇에 대하여 그 영광의 풍성함을 알게 하고자 하셨을지라도 무슨 말을 하리요

What if he did this to make the riches of his glory known to the objects of his mercy, **whom he prepared in advance for glory—**

또한 영광 받기로 예비하신 바 긍휼의 그릇에 대하여 그 영광의 풍성함을 알게 하고자 하셨을지라도 무슨 말을 하리요

What if he did this to make the riches of his glory known to the objects of his mercy, whom he prepared in advance for glory—

24 **even us, whom he also called,**

우리니 곧 부르신 자니라

even us, whom he also called, **not only from the Jews but also from the Gentiles?**

이 그릇은 우리니 곧 유대인 중에서뿐 아니라 이방인 중에서도 부르신 자니라

even us, whom he also called, not only from the Jews but also from the Gentiles?

25 **As he says in Hosea**

호세아의 글에도 이르기를

As he says in Hosea: **"I will call them 'my people'**

호세아의 글에도 이르기를 내가 그들을 내 백성이라 부르리라

As he says in Hosea: "I will call them 'my people' **who are not my people;**

호세아의 글에도 이르기를 내가 내 백성 아닌 자를 내 백성이라 부르리라

As he says in Hosea: "I will call them 'my people' who are not my people; **and I will call her 'my loved one'**

호세아의 글에도 이르기를 내가 내 백성 아닌 자를 내 백성이라, 사랑한 자라 부르리라

As he says in Hosea: "I will call them 'my people' who are not my people; and I will call her 'my loved one' **who is not my loved one,"**

호세아의 글에도 이르기를 내가 내 백성 아닌 자를 내 백성이라, 사랑하지 아니한 자를 사랑한 자라 부르리라

As he says in Hosea: "I will call them 'my people' who are not my people; and I will call her 'my loved one' who is not my loved one,"

26 **and, "It will happen that in the very place where it was said to them, 'You are not my people,'**

너희는 내 백성이 아니라 한 그 곳에서

and, "It will happen that in the very place where it was said to them, 'You are not my people,' **they will be called 'sons of the living God.' "**

너희는 내 백성이 아니라 한 그 곳에서 그들이 살아 계신 하나님의 아들이라 일컬음을 받으리라 함과 같으니라

and, "It will happen that in the very place where it was said to them, 'You are not my people,' they will be called 'sons of the living God.' "

27

Isaiah cries out concerning Israel:

또 이사야가 이스라엘에 관하여 외치되

Isaiah cries out concerning Israel: **"Though the number of the Israelites**

또 이사야가 이스라엘에 관하여 외치되 이스라엘 자손들의 수가 비록

Isaiah cries out concerning Israel: "Though the number of the Israelites **be like the sand by the sea,**

또 이사야가 이스라엘에 관하여 외치되 이스라엘 자손들의 수가 비록 바다의 모래 같을지라도

Isaiah cries out concerning Israel: "Though the number of the Israelites be like the sand by the sea, **only the remnant will be saved.**

또 이사야가 이스라엘에 관하여 외치되 이스라엘 자손들의 수가 비록 바다의 모래 같을지라도 남은 자만 구원을 받으리니

190

Isaiah cries out concerning Israel: "Though the number of the Israelites be like the sand by the sea, only the remnant will be saved.

28

For the Lord will carry out

주께서 이루고

For the Lord will carry out **his sentence on earth**

주께서 땅 위에서 그 말씀을 이루고

For the Lord will carry out his sentence on earth **with speed and finality."**

주께서 땅 위에서 그 말씀을 이루고 속히 시행하시리라 하셨느니라

For the Lord will carry out his sentence on earth with speed and finality."

29 **It is just as Isaiah said previously:**

또한 이사야가 미리 말한 바와 같으니라

It is just as Isaiah said previously: **"Unless the Lord Almighty had left us descendants,**

또한 이사야가 미리 말한 바 만일 만군의 주께서 우리에게 씨를 남겨 두지 아니하셨더라면

It is just as Isaiah said previously: "Unless the Lord Almighty had left us descendants, **we would have become like Sodom,**

또한 이사야가 미리 말한 바 만일 만군의 주께서 우리에게 씨를 남겨 두지 아니하셨더라면 우리가 소돔과 같이 되고

It is just as Isaiah said previously: "Unless the Lord Almighty had left us descendants, we would have become like Sodom, **we would have been like Gomorrah."**

또한 이사야가 미리 말한 바 만일 만군의 주께서 우리에게 씨를 남겨 두지 아니하셨더라면 우리가 소돔과 같이 되고 고모라와 같았으리로다 함과 같으니라

191

It is just as Isaiah said previously: "Unless the Lord Almighty had left us descendants, we would have become like Sodom, we would have been like Gomorrah."

conscience n.양심 | confirm vt.증언하다 | sorrow n.근심 | unceasing a.끊임없는 | anguish n.고통 | cursed a.저주받은 | race n.인종, 민족 | adoption n.입양 | divine a.신(神)의 | covenant n.언약 | patriarchs n.조상 | trace vt.거슬러 올라가다 | ancestry n.조상, 혈통 | descendants n.후손들 | contrary n.반대 | offspring n.자손 | reckon vt.간주하다 | state vt.진술하다 | Jacob n.야곱 | Esau n.에서 | unjust a.불공평한 | mercy n.자비 | compassion n.긍휼 | depend on -에 의존하다 | effort n.노력 | Scripture n.성경 | Pharaoh n.파라오 | display vt.전시하다 | proclaim vt.전파하다 | harden vt.딱딱하게 하다 | blame vt.비난하다 | resist vt.-에

저항하다 | potter n.도공(陶工) | lump n.덩어리 | clay n.진흙 | pottery n.도자기류 |
noble a.고귀한 | purpose n.목적 | common a.보통의 | patience n.인내 |
destruction n.파괴 | Israelite n.이스라엘 사람 | sand n.모래 | remnant n.남은
자 | finality n.종국, 결말 | Isaiah n.이사야 | previously ad.전에 | Almighty a.전능
한 | Sodom n.소돔 | Gomorrah n.고모라

이스라엘의 불신앙 (9:30-33)

30 What then shall we say?
그런즉 우리가 무슨 말을 하리요

What then shall we say? **That the Gentiles, who did not pursue**

righteousness,

그런즉 우리가 무슨 말을 하리요 의를 따르지 아니한 이방인들이

What then shall we say? That the Gentiles, who did not pursue righteousness, **have obtained it,**

그런즉 우리가 무슨 말을 하리요 의를 따르지 아니한 이방인들이 의를 얻었으니

What then shall we say? That the Gentiles, who did not pursue righteousness, have obtained it, **a righteousness that is by faith;**

그런즉 우리가 무슨 말을 하리요 의를 따르지 아니한 이방인들이 의를 얻었으니 곧 믿음에서 난 의요

What then shall we say? That the Gentiles, who did not pursue righteousness, have obtained it, a righteousness that is by faith;

31 **but Israel, who pursued a law of righteousness,**

의의 법을 따라간 이스라엘은

but Israel, who pursued a law of righteousness, **has not attained it.**

의의 법을 따라간 이스라엘은 율법에 이르지 못하였으니

but Israel, who pursued a law of righteousness, has not attained it.

32 **Why not? Because they pursued it not by faith**

어찌 그러하냐 이는 그들이 믿음을 의지하지 않고

Why not? Because they pursued it not by faith **but as if it were by works.**

어찌 그러하냐 이는 그들이 믿음을 의지하지 않고 행위를 의지함이라

Why not? Because they pursued it not by faith but as if it were by works. **They stumbled over the "stumbling stone."**

어찌 그러하냐. 이는 그들이 믿음을 의지하지 않고 행위를 의지함이라 부딪칠 돌에 부딪쳤느니라

Why not? Because they pursued it not by faith but as if it were by works. They stumbled over the "stumbling stone."

As it is written:
기록된 바

As it is written: **"See, I lay in Zion a stone**
기록된 바 보라 내가 바위를 시온에 두노니

As it is written: "See, I lay in Zion a stone **that causes men to stumble**
기록된 바 보라 내가 걸림돌이 되는 바위를 시온에 두노니

As it is written: "See, I lay in Zion a stone that causes men to stumble **and a rock that makes them fall,**
기록된 바 보라 내가 걸림돌과 거치는 바위를 시온에 두노니

As it is written: "See, I lay in Zion a stone that causes men to stumble and a rock that makes them fall, **and the one who trusts in him**
기록된 바 보라 내가 걸림돌과 거치는 바위를 시온에 두노니 그를 믿는 자는

As it is written: "See, I lay in Zion a stone that causes men to stumble and a rock that makes them fall, and the one who trusts in him **will never be put to shame."**
기록된 바 보라 내가 걸림돌과 거치는 바위를 시온에 두노니 그를 믿는 자는 부끄러움을 당하지 아니하리라 함과 같으니라

As it is written: "See, I lay in Zion a stone that causes men to stumble and a rock that makes them fall, and the one who trusts in him will never be put to shame."

pursue vt.추구하다 | obtain vt.획득하다 | attain vt.성취하다 | stumble vi.넘어지다 | Zion n.시온 | shame n.부끄러움

10장

(10:1 - 21)

1 Brothers, my heart's desire and prayer to God

형제들아 내 마음에 원하는 바와 하나님께 구하는 바는

Brothers, my heart's desire and prayer to God **for the Israelites**

형제들아 내 마음에 원하는 바와 하나님께 구하는 바는 이스라엘을 위함이니

Brothers, my heart's desire and prayer to God for the Israelites **is that they may be saved.**

형제들아 내 마음에 원하는 바와 하나님께 구하는 바는 이스라엘을 위함이니 곧 그들로 구원을 받게 함이라

Brothers, my heart's desire and prayer to God for the Israelites is that they may be saved.

2 For I can testify about them

내가 증언하노니

For I can testify about them **that they are zealous for God,**

내가 증언하노니 그들이 하나님께 열심이 있으나

For I can testify about them that they are zealous for God, **but their zeal is not based on knowledge.**
내가 증언하노니 그들이 하나님께 열심이 있으나 올바른 지식을 따른 것이 아니니라

For I can testify about them that they are zealous for God, but their zeal is not based on knowledge.

3 **Since they did not know the righteousness**
그들이 의를 모르고

Since they did not know the righteousness **that comes from God**
하나님의 의를 모르고

Since they did not know the righteousness that comes from God **and sought to establish their own,**
하나님의 의를 모르고 자기 의를 세우려고

Since they did not know the righteousness that comes from God and sought to establish their own, **they did not submit to God's righteousness.**
하나님의 의를 모르고 자기 의를 세우려고 힘써 하나님의 의에 복종하지 아니하였느니라

Since they did not know the righteousness that comes from God and sought to establish their own, they did not submit to God's righteousness.

4 **Christ is the end of the law**
그리스도는 율법의 마침이 되시니라

Christ is the end of the law **so that there may be righteousness**
그리스도는 의를 이루기 위하여 율법의 마침이 되시니라

Christ is the end of the law so that there may be righteousness **for everyone who believes.**

그리스도는 모든 믿는 자에게 의를 이루기 위하여 율법의 마침이 되시니라

Christ is the end of the law so that there may be righteousness for everyone who believes.

5 **Moses describes in this way**

모세가 기록하되

Moses describes in this way **the righteousness that is by the law:**

모세가 기록하되 율법으로 말미암는 의를

Moses describes in this way the righteousness that is by the law: **"The man who does these things will live by them."**

모세가 기록하되 율법으로 말미암는 (의를) 행하는 사람은 그 의로 살리라 하였거니와

Moses describes in this way the righteousness that is by the law: "The man who does these things will live by them."

6 **But the righteousness that is by faith says:**

믿음으로 말미암는 의는 이같이 말하되

But the righteousness that is by faith says: **"Do not say in your heart,**

믿음으로 말미암는 의는 이같이 말하되 네 마음에 이렇게 말하지 말라 하니

But the righteousness that is by faith says: "Do not say in your heart, **'Who will ascend into heaven?' "**

믿음으로 말미암는 의는 이같이 말하되 네 마음에 누가 하늘에 올라가겠느냐 하지 말라

But the righteousness that is by faith says: "Do not say in your heart, 'Who will ascend into heaven?' " **(that is, to bring Christ down)**

믿음으로 말미암는 의는 이같이 말하되 네 마음에 누가 하늘에 올라가겠느냐 하지 말라 하니 올라가겠느냐 함은 그리스도를 모셔 내리려는 것이요

But the righteousness that is by faith says: "Do not say in your heart, 'Who will ascend into heaven?' " (that is, to bring Christ down)

7 **"or 'Who will descend into the deep?' "**

혹은 누가 무저갱에 내려가겠느냐

"or 'Who will descend into the deep?' " **(that is, to bring Christ up from the dead).**

혹은 누가 무저갱에 내려가겠느냐 하지 말라 하니 내려가겠느냐 함은 그리스도를 죽은 자 가운데서 모셔 올리려는 것이라

"or 'Who will descend into the deep?' " (that is, to bring Christ up from the dead).

8 **But what does it say?**

그러면 무엇을 말하느냐

But what does it say? **"The word is near you;**

그러면 무엇을 말하느냐 말씀이 네게 가까워

But what does it say? "The word is near you; **it is in your mouth and in your heart,"**

그러면 무엇을 말하느냐 말씀이 네게 가까워 네 입에 있으며 네 마음에 있다 하였으니

But what does it say? "The word is near you; it is in your mouth and in your heart," **that is, the word of faith we are proclaiming:**

그러면 무엇을 말하느냐 말씀이 네게 가까워 네 입에 있으며 네 마음에 있다 하였으
니 곧 우리가 전파하는 믿음의 말씀이라

But what does it say? "The word is near you; it is in your mouth and in your heart," that is, the word of faith we are proclaiming:

9 **That if you confess with your mouth,**
네가 만일 네 입으로 시인하며

That if you confess with your mouth, **"Jesus is Lord,"**
네가 만일 네 입으로 예수를 주로 시인하며

That if you confess with your mouth, "Jesus is Lord," **and believe in your heart**
네가 만일 네 입으로 예수를 주로 시인하며 네 마음에 믿으면

That if you confess with your mouth, "Jesus is Lord," and believe in your heart **that God raised him from the dead,**
네가 만일 네 입으로 예수를 주로 시인하며 또 하나님께서 그를 죽은 자 가운데서 살리신 것을 네 마음에 믿으면

That if you confess with your mouth, "Jesus is Lord," and believe in your heart that God raised him from the dead, **you will be saved.**
네가 만일 네 입으로 예수를 주로 시인하며 또 하나님께서 그를 죽은 자 가운데서 살리신 것을 네 마음에 믿으면 구원을 받으리라

That if you confess with your mouth, "Jesus is Lord," and believe in your heart that God raised him from the dead, you will be saved.

10 **For it is with your heart that you believe**
사람이 마음으로 믿어

For it is with your heart that you believe **and are justified,**

사람이 마음으로 믿어 의에 이르고

For it is with your heart that you believe and are justified, **and it is with your mouth that you confess**

사람이 마음으로 믿어 의에 이르고 입으로 시인하여

For it is with your heart that you believe and are justified, and it is with your mouth that you confess **and are saved.**

사람이 마음으로 믿어 의에 이르고 입으로 시인하여 구원에 이르느니라

For it is with your heart that you believe and are justified, and it is with your mouth that you confess and are saved.

11 **As the Scripture says,**

성경에 이르되

As the Scripture says, **"Anyone who trusts in him**

성경에 이르되 누구든지 그를 믿는 자는

As the Scripture says, "Anyone who trusts in him **will never be put to shame."**

성경에 이르되 누구든지 그를 믿는 자는 부끄러움을 당하지 아니하리라 하니

As the Scripture says, "Anyone who trusts in him will never be put to shame."

12 **For there is no difference between**

차별이 없음이라

For there is no difference between **Jew and Gentile**

유대인이나 헬라인이나 차별이 없음이라

For there is no difference between Jew and Gentile–**the same**

Lord is Lord of all
유대인이나 헬라인이나 차별이 없음이라 한 분이신 주께서 모든 사람의 주가 되사

For there is no difference between Jew and Gentile—the same Lord
is Lord of all **and richly blesses all who call on him,**
유대인이나 헬라인이나 차별이 없음이라 한 분이신 주께서 모든 사람의 주가 되사
그를 부르는 모든 사람에게 부요하시도다

**For there is no difference between Jew and Gentile—the same
Lord is Lord of all and richly blesses all who call on him,**

13 **for, "Everyone who calls on the name of the Lord**
누구든지 주의 이름을 부르는 자는

for, "Everyone who calls on the name of the Lord **will be saved."**
누구든지 주의 이름을 부르는 자는 구원을 받으리라

201

**for, "Everyone who calls on the name of the Lord will be
saved."**

14 **How, then, can they call on**
그런즉 그들이 어찌 부르리오

How, then, can they call on **the one they have not believed in?**
그런즉 그들이 믿지 아니하는 이를 어찌 부르리오

How, then, can they call on the one they have not believed in? **And
how can they believe in**
그런즉 그들이 믿지 아니하는 이를 어찌 부르리오 이를 어찌 믿으리오

How, then, can they call on the one they have not believed in? And
how can they believe in **the one of whom they have not heard?**
그런즉 그들이 믿지 아니하는 이를 어찌 부르리오 듣지도 못한 이를 어찌 믿으리오

How, then, can they call on the one they have not believed in? And how can they believe in the one of whom they have not heard? **And how can they hear**

그런즉 그들이 믿지 아니하는 이를 어찌 부르리오 듣지도 못한 이를 어찌 믿으리오 어찌 들으리오

How, then, can they call on the one they have not believed in? And how can they believe in the one of whom they have not heard? And how can they hear **without someone preaching to them?**

그런즉 그들이 믿지 아니하는 이를 어찌 부르리오 듣지도 못한 이를 어찌 믿으리오 전파하는 자가 없이 어찌 들으리오

How, then, can they call on the one they have not believed in? And how can they believe in the one of whom they have not heard? And how can they hear without someone preaching to them?

202

15 **And how can they preach**

어찌 전파하리요

And how can they preach **unless they are sent?**

보내심을 받지 아니하였으면 어찌 전파하리요

And how can they preach unless they are sent? **As it is written,**

보내심을 받지 아니하였으면 어찌 전파하리요 기록된 바

And how can they preach unless they are sent? As it is written, **"How beautiful are the feet**

보내심을 받지 아니하였으면 어찌 전파하리요 기록된 바 아름답도다 발이여 함과 같으니라

And how can they preach unless they are sent? As it is written, "How beautiful are the feet **of those who bring good news!"**

보내심을 받지 아니하였으면 어찌 전파하리요 기록된바 아름답도다 좋은 소식을 전하는 자들의 발이여 함과 같으니라

And how can they preach unless they are sent? As it is written, "How beautiful are the feet of those who bring good news!"

But not all the Israelites accepted the good news.
그러나 그들이 다 복음을 순종하지 아니하였도다

But not all the Israelites accepted the good news. **For Isaiah says, "Lord, who has believed our message?"**
그러나 그들이 다 복음을 순종하지 아니하였도다 이사야가 이르되 주여 우리가 전한 것을 누가 믿었나이까 하였으니

But not all the Israelites accepted the good news. For Isaiah says, "Lord, who has believed our message?"

17

Consequently,
그러므로

Consequently, **faith comes from hearing the message,**
그러므로 믿음은 들음에서 나며

Consequently, faith comes from hearing the message, **and the message is heard through the word of Christ.**
그러므로 믿음은 들음에서 나며 들음은 그리스도의 말씀으로 말미암았느니라

Consequently, faith comes from hearing the message, and the message is heard through the word of Christ.

But I ask: Did they not hear?
그러나 내가 말하노니 그들이 듣지 아니하였느냐

But I ask: Did they not hear? **Of course they did:**

그러나 내가 말하노니 그들이 듣지 아니하였느냐 그렇지 아니하니

But I ask: Did they not hear? Of course they did: **"Their voice has gone out into all the earth,**

그러나 내가 말하노니 그들이 듣지 아니하였느냐 그렇지 아니하니 그 소리가 온 땅에 퍼졌고

But I ask: Did they not hear? Of course they did: "Their voice has gone out into all the earth, **their words to the ends of the world."**

그러나 내가 말하노니 그들이 듣지 아니하였느냐 그렇지 아니하니 그 소리가 온 땅에 퍼졌고 그 말씀이 땅 끝까지 이르렀도다 하였느니라

But I ask: Did they not hear? Of course they did: "Their voice has gone out into all the earth, their words to the ends of the world."

19 **Again I ask: Did Israel not understand?**
그러나 내가 말하노니 이스라엘이 알지 못하였느냐

Again I ask: Did Israel not understand? **First, Moses says,**
그러나 내가 말하노니 이스라엘이 알지 못하였느냐 먼저 모세가 이르되

Again I ask: Did Israel not understand? First, Moses says, **"I will make you envious**
그러나 내가 말하노니 이스라엘이 알지 못하였느냐 먼저 모세가 이르되 내가 너희를 시기하게 하며

Again I ask: Did Israel not understand? First, Moses says, "I will make you envious **by those who are not a nation;**
그러나 내가 말하노니 이스라엘이 알지 못하였느냐 먼저 모세가 이르되 내가 백성 아닌 자로써 너희를 시기하게 하며

Again I ask: Did Israel not understand? First, Moses says, "I will make you envious by those who are not a nation; **I will make you angry**

그러나 내가 말하노니 이스라엘이 알지 못하였느냐 먼저 모세가 이르되 내가 백성 아닌 자로써 너희를 시기하게 하며 너희를 노엽게 하리라

Again I ask: Did Israel not understand? First, Moses says, "I will make you envious by those who are not a nation; I will make you angry **by a nation that has no understanding.**"

그러나 내가 말하노니 이스라엘이 알지 못하였느냐 먼저 모세가 이르되 내가 백성 아닌 자로써 너희를 시기하게 하며 미련한 백성으로써 너희를 노엽게 하리라 하였고

Again I ask: Did Israel not understand? First, Moses says, "I will make you envious by those who are not a nation; I will make you angry by a nation that has no understanding."

20 **And Isaiah boldly says,**
이사야는 매우 담대하여 말하였고

And Isaiah boldly says, "**I was found by those who did not seek me;**
이사야는 매우 담대하여 내가 나를 찾지 아니한 자들에게 찾은 바 되고 말하였고

And Isaiah boldly says, "I was found by those who did not seek me; **I revealed myself to those who did not ask for me.**"
이사야는 매우 담대하여 내가 나를 찾지 아니한 자들에게 찾은 바 되고 내게 묻지 아니한 자들에게 나타났노라 말하였고

And Isaiah boldly says, "I was found by those who did not seek me; I revealed myself to those who did not ask for me."

21 **But concerning Israel he says,**
이스라엘에 대하여 이르되

But concerning Israel he says, "**All day long I have held out my hands**

이스라엘에 대하여 이르되 내가 종일 내 손을 벌렸노라 하였느니라

But concerning Israel he says, "All day long I have held out my hands **to a disobedient and obstinate people.**"

이스라엘에 대하여 이르되 순종하지 아니하고 거슬러 말하는 백성에게 내가 종일 내 손을 벌렸노라 하였느니라

But concerning Israel he says, "All day long I have held out my hands to a disobedient and obstinate people."

zealous a.열성적인 | knowledge n.지식 | seek vt.찾다 | establish vt.세우다 | submit vt.복종시키다 | describe vt.묘사하다 | ascend vi.오르다 | preaching n.전파 | message n.메시지 | Consequently ad.결과적으로 | Israel n.이스라엘 | envious a.시기하는 | nation n.국가 | boldly ad.대담하게 | concerning prep.-에 관하여 | hold out (손을)내밀다 | disobedient a.불순종한 | obstinate a.완고한

구원과 복음에 관한 바울의 가르침

1. 예수를 주(主)로 시인하며 또 하나님께서 그를 죽은 자들 가운데서 살리신 것을 마음에 믿는 자는 구원을 받는다.

2. 마음으로 믿어 의에 이르고 입으로 시인하여 구원에 이른다.

3. 누구든지 주의 이름을 부르는 자는 구원을 얻는다.

4. 자신의 마음으로 믿지 않는 자를 부르지 못한다.

5. 자신의 귀로 듣지도 못한 자를 믿지 못한다.

6. 전파하는 자가 없으면 아무도 듣지 못한다.

11장

이스라엘의 남은 자들 (11:1-10)

1 **I ask then**
그러므로 내가 말하노니

I ask then: **Did God reject his people?**
그러므로 내가 말하노니 하나님이 자기 백성을 버리셨느냐

I ask then: Did God reject his people? **By no means!**
그러므로 내가 말하노니 하나님이 자기 백성을 버리셨느냐 그럴 수 없느니라

I ask then: Did God reject his people? By no means! **I am an Israelite myself,**
그러므로 내가 말하노니 하나님이 자기 백성을 버리셨느냐 그럴 수 없느니라 나도 이스라엘인이요

I ask then: Did God reject his people? By no means! I am an Israelite myself, a **descendant of Abraham,**
그러므로 내가 말하노니 하나님이 자기 백성을 버리셨느냐 그럴 수 없느니라 나도 이스라엘인이요 아브라함의 씨에서 난 자요

I ask then: Did God reject his people? By no means! I am an Israelite myself, a descendant of Abraham, **from the tribe of Benjamin.**
그러므로 내가 말하노니 하나님이 자기 백성을 버리셨느냐 그럴 수 없느니라 나도 이스라엘인이요 아브라함의 씨에서 난 자요 베냐민 지파라

I ask then: Did God reject his people? By no means! I am an Israelite myself, a descendant of Abraham, from the tribe of Benjamin.

2 God did not reject his people,
하나님이 자기 백성을 버리지 아니하셨나니

God did not reject his people, **whom he foreknew.**
하나님이 그 미리 아신 자기 백성을 버리지 아니하셨나니

God did not reject his people, whom he foreknew. **Don't you know what the Scripture says**
하나님이 그 미리 아신 자기 백성을 버리지 아니하셨나니 너희가 성경이 말한 것을 알지 못하느냐

God did not reject his people, whom he foreknew. Don't you know what the Scripture says **in the passage about Elijah**
하나님이 그 미리 아신 자기 백성을 버리지 아니하셨나니 너희가 성경이 엘리야를 가리켜 말한 것을 알지 못하느냐

God did not reject his people, whom he foreknew. Don't you know what the Scripture says in the passage about Elijah–**how he appealed to God against Israel:**
하나님이 그 미리 아신 자기 백성을 버리지 아니하셨나니 너희가 성경이 엘리야를 가리켜 말한 것을 알지 못하느냐 그가 이스라엘을 하나님께 고발하되

God did not reject his people, whom he foreknew. Don't you know what the Scripture says in the passage about Elijah–how he appealed to God against Israel:

3 "Lord, they have killed your prophets
주여 그들이 주의 선지자들을 죽였으며

"Lord, they have killed your prophets **and torn down your altars;**
주여 그들이 주의 선지자들을 죽였으며 주의 제단들을 헐어 버렸고

"Lord, they have killed your prophets and torn down your altars; **I am the only one left,**
주여 그들이 주의 선지자들을 죽였으며 주의 제단들을 헐어 버렸고 나만 남았는데

208

"Lord, they have killed your prophets and torn down your altars; I am the only one left, **and they are trying to kill me?**"

주여 그들이 주의 선지자들을 죽였으며 주의 제단들을 헐어 버렸고 나만 남았는데 내 목숨도 찾나이다

"Lord, they have killed your prophets and torn down your altars; I am the only one left, and they are trying to kill me?"

4 And what was God's answer to him?
그에게 하신 대답이 무엇이냐

And what was God's answer to him? **"I have reserved for myself seven thousand**

그에게 하신 대답이 무엇이냐 내가 나를 위하여 칠천 명을 남겨 두었다 하셨으니

And what was God's answer to him? "I have reserved for myself seven thousand **who have not bowed the knee to Baal."**

그에게 하신 대답이 무엇이냐 내가 나를 위하여 바알에게 무릎을 꿇지 아니한 사람 칠천 명을 남겨 두었다 하셨으니

And what was God's answer to him? "I have reserved for myself seven thousand who have not bowed the knee to Baal."

5 So too, at the present time
그런즉 이와 같이 지금도

So too, at the present time **there is a remnant chosen by grace.**
그런즉 이와 같이 지금도 은혜로 택하심을 따라 남은 자가 있느니라

So too, at the present time there is a remnant chosen by grace.

6 **And if by grace,**

만일 은혜로 된 것이면

And if by grace, **then it is no longer by works;**

만일 은혜로 된 것이면 행위로 말미암지 않음이니

And if by grace, then it is no longer by works; **if it were,**

만일 은혜로 된 것이면 행위로 말미암지 않음이니 그렇지 않으면

And if by grace, then it is no longer by works; if it were, **grace would no longer be grace.**

만일 은혜로 된 것이면 행위로 말미암지 않음이니 그렇지 않으면 은혜가 은혜 되지 못하느니라

And if by grace, then it is no longer by works; if it were, grace would no longer be grace.

7 **What then?**

그런즉 어떠하냐

What then? **What Israel sought so earnestly**

그런즉 어떠하냐 이스라엘이 구하는 것을

What then? What Israel sought so earnestly **it did not obtain,**

그런즉 어떠하냐 이스라엘이 구하는 그것을 얻지 못하고

What then? What Israel sought so earnestly it did not obtain, **but the elect did.**

그런즉 어떠하냐 이스라엘이 구하는 그것을 얻지 못하고 오직 택하심을 입은 자가 얻었고

What then? What Israel sought so earnestly it did not obtain, but the elect did. **The others were hardened,**

그런즉 어떠하냐 이스라엘이 구하는 그것을 얻지 못하고 오직 택하심을 입은 자가 얻었고 그 남은 자들은 우둔하여졌느니라

What then? What Israel sought so earnestly it did not obtain, but the elect did. The others were hardened,

8 **as it is written:**
기록된 바

as it is written: **"God gave them a spirit of stupor,**
기록된 바 하나님이 그들에게 혼미한 심령과

as it is written: "God gave them a spirit of stupor, **eyes so that they could not see**
기록된 바 하나님이 그들에게 혼미한 심령과 보지 못할 눈과

as it is written: "God gave them a spirit of stupor, eyes so that they could not see **and ears so that they could not hear,**
기록된 바 하나님이 그들에게 혼미한 심령과 보지 못할 눈과 듣지 못할 귀를 주셨다 함과 같으니라

as it is written: "God gave them a spirit of stupor, eyes so that they could not see and ears so that they could not hear, **to this very day."**
기록된 바 하나님이 오늘까지 그들에게 혼미한 심령과 보지 못할 눈과 듣지 못할 귀를 주셨다 함과 같으니라

as it is written: "God gave them a spirit of stupor, eyes so that they could not see and ears so that they could not hear, to this very day."

9 **And David says:**
또 다윗이 이르되

And David says: **"May their table become a snare and a trap,**
또 다윗이 이르되 그들의 밥상이 올무와 덫이 되게 하시고

And David says: "May their table become a snare and a trap, **a stumbling block and a retribution for them.**

또 다윗이 이르되 그들의 밥상이 올무와 덫과 거치는 것과 보응이 되게 하시옵고

And David says: "May their table become a snare and a trap, a stumbling block and a retribution for them.

10 **May their eyes be darkened**

그들의 눈은 흐려

May their eyes be darkened **so they cannot see,**

그들의 눈은 흐려 보지 못하고

May their eyes be darkened so they cannot see, **and their backs be bent forever."**

그들의 눈은 흐려 보지 못하고 그들의 등은 항상 굽게 하옵소서 하였느니라

212

May their eyes be darkened so they cannot see, and their backs be bent forever."

접붙임을 받은 가지 (11:11-24)

11 **Again I ask: Did they stumble**

그러므로 내가 말하노니 그들이 실족하였느냐

Again I ask: Did they stumble **so as to fall beyond recovery?**

그러므로 내가 말하노니 그들이 넘어지기까지 실족하였느냐

Again I ask: Did they stumble so as to fall beyond recovery? **Not at all! Rather,**

그러므로 내가 말하노니 그들이 넘어지기까지 실족하였느냐 그럴 수 없느니라

Again I ask: Did they stumble so as to fall beyond recovery? Not at all! Rather, **because of their transgression,**

그러므로 내가 말하노니 그들이 넘어지기까지 실족하였느냐 그럴 수 없느니라 그들이 넘어짐으로

Again I ask: Did they stumble so as to fall beyond recovery? Not at all! Rather, because of their transgression, **salvation has come to the Gentiles**

그러므로 내가 말하노니 그들이 넘어지기까지 실족하였느냐 그럴 수 없느니라 그들이 넘어짐으로 구원이 이방인에게 이르러

Again I ask: Did they stumble so as to fall beyond recovery? Not at all! Rather, because of their transgression, salvation has come to the Gentiles to make Israel envious.

12 **But if their transgression means riches**

그들의 넘어짐이 풍성함이 되며

But if their transgression means riches **for the world,**

그들의 넘어짐이 세상의 풍성함이 되며

But if their transgression means riches for the world, **and their loss means riches for the Gentiles,**

그들의 넘어짐이 세상의 풍성함이 되며 그들의 실패가 이방인의 풍성함이 되거든

But if their transgression means riches for the world, and their loss means riches for the Gentiles, **how much greater riches will their fullness bring!**

그들의 넘어짐이 세상의 풍성함이 되며 그들의 실패가 이방인의 풍성함이 되거든 하물며 그들의 충만함이리요

But if their transgression means riches for the world, and their loss means riches for the Gentiles, how much greater riches will their fullness bring!

13 **I am talking to you Gentiles.**

내가 이방인인 너희에게 말하노라

I am talking to you Gentiles. **Inasmuch as I am the apostle to the Gentiles,**

내가 이방인인 너희에게 말하노라 내가 이방인의 사도인 만큼

I am talking to you Gentiles. Inasmuch as I am the apostle to the Gentiles, **I make much of my ministry**

내가 이방인인 너희에게 말하노라 내가 이방인의 사도인 만큼 내 직분을 영광스럽게 여기노니

I am talking to you Gentiles. Inasmuch as I am the apostle to the Gentiles, I make much of my ministry

14 **in the hope that I may somehow arouse**

이는 아무쪼록

in the hope that I may somehow arouse **my own people to envy**

이는 혹 내 골육을 아무쪼록 시기하게 하여

in the hope that I may somehow arouse my own people to envy **and save some of them.**

이는 혹 내 골육을 아무쪼록 시기하게 하여 그들 중에서 얼마를 구원하려 함이라

in the hope that I may somehow arouse my own people to envy and save some of them.

15 **For if their rejection is the reconciliation**

그들을 버리는 것이 화목이 되거든

For if their rejection is the reconciliation **of the world,**

그들을 버리는 것이 세상의 화목이 되거든

For if their rejection is the reconciliation of the world, **what will their acceptance be but life**

그들을 버리는 것이 세상의 화목이 되거든 그 받아들이는 것이 살아나는 것이 아니면 무엇이리요

For if their rejection is the reconciliation of the world, what will their acceptance be but life **from the dead?**

그들을 버리는 것이 세상의 화목이 되거든 그 받아들이는 것이 죽은 자 가운데서 살아나는 것이 아니면 무엇이리요

For if their rejection is the reconciliation of the world, what will their acceptance be but life from the dead?

16 **If the part of the dough offered as firstfruits is holy,**

제사하는 처음 익은 곡식 가루가 거룩한즉

If the part of the dough offered as firstfruits is holy, **then the whole batch is holy;**

제사하는 처음 익은 곡식 가루가 거룩한즉 떡덩이도 그러하고

If the part of the dough offered as firstfruits is holy, then the whole batch is holy; **if the root is holy,**

제사하는 처음 익은 곡식 가루가 거룩한즉 떡덩이도 그러하고 뿌리가 거룩한즉

If the part of the dough offered as firstfruits is holy, then the whole batch is holy; if the root is holy, **so are the branches.**

제사하는 처음 익은 곡식 가루가 거룩한즉 떡덩이도 그러하고 뿌리가 거룩한즉 가지도 그러하니라

If the part of the dough offered as firstfruits is holy, then the whole batch is holy; if the root is holy, so are the branches.

17 **If some of the branches have been broken off,**

또 한 가지 얼마가 꺾이었는데

If some of the branches have been broken off, **and you, though a wild olive shoot,**

또 한 가지 얼마가 꺾이었는데 돌감람나무인 네가

If some of the branches have been broken off, and you, though a wild olive shoot, **have been grafted in among the others**

또 한 가지 얼마가 꺾이었는데 돌감람나무인 네가 그들 중에 접붙임이 되어

If some of the branches have been broken off, and you, though a wild olive shoot, have been grafted in among the others **and now share in the nourishing sap**

또 한 가지 얼마가 꺾이었는데 돌감람나무인 네가 그들 중에 접붙임이 되어 뿌리의 진액을 함께 받는 자가 되었은즉

If some of the branches have been broken off, and you, though a wild olive shoot, have been grafted in among the others and now share in the nourishing sap **from the olive root,**

또 한 가지 얼마가 꺾이었는데 돌감람나무인 네가 그들 중에 접붙임이 되어 참감람 나무 뿌리의 진액을 함께 받는 자가 되었은즉

If some of the branches have been broken off, and you, though a wild olive shoot, have been grafted in among the others and now share in the nourishing sap from the olive root,

18 **do not boast over those branches.**

그 가지들을 향하여 자랑하지 말라

do not boast over those branches. **If you do, consider this:**

그 가지들을 향하여 자랑하지 말라 자랑할지라도

do not boast over those branches. If you do, consider this: **You do not support the root,**

그 가지들을 향하여 자랑하지 말라 자랑할지라도 네가 뿌리를 보전하는 것이 아니요

do not boast over those branches. If you do, consider this: You do not support the root, **but the root supports you.**

그 가지들을 향하여 자랑하지 말라 자랑할지라도 네가 뿌리를 보전하는 것이 아니요 뿌리가 너를 보전하는 것이니라

do not boast over those branches. If you do, consider this: You do not support the root, but the root supports you.

19 You will say then,

그러면 네 말이

You will say then, **"Branches were broken off**

그러면 네 말이 가지들이 꺾인 것은

You will say then, "Branches were broken off **so that I could be grafted in."**

그러면 네 말이 가지들이 꺾인 것은 나로 접붙임을 받게 하려 함이라 하리니

You will say then, "Branches were broken off so that I could be grafted in."

217

20 Granted. But they were broken off because of unbelief,

옳도다 그들은 믿지 아니하므로 꺾이고

Granted. But they were broken off because of unbelief, **and you stand by faith.**

옳도다 그들은 믿지 아니하므로 꺾이고 너는 믿으므로 섰느니라

Granted. But they were broken off because of unbelief, and you stand by faith. **Do not be arrogant, but be afraid.**

옳도다 그들은 믿지 아니하므로 꺾이고 너는 믿으므로 섰느니라 높은 마음을 품지

말고 도리어 두려워하라

Granted. But they were broken off because of unbelief, and you stand by faith. Do not be arrogant, but be afraid.

21 **For if God did not spare the natural branches,**
하나님이 원 가지들도 아끼지 아니하셨은즉

For if God did not spare the natural branches, **he will not spare you either.**
하나님이 원 가지들도 아끼지 아니하셨은 즉 너도 아끼지 아니하시리라

For if God did not spare the natural branches, he will not spare you either.

218

22 **Consider therefore the kindness and sternness of God:**
그러므로 하나님의 인자하심과 준엄하심을 보라

Consider therefore the kindness and sternness of God: **sternness to those who fell,**
그러므로 하나님의 인자하심과 준엄하심을 보라 넘어지는 자들에게는 준엄하심이 있으니

Consider therefore the kindness and sternness of God: sternness to those who fell, **but kindness to you,**
그러므로 하나님의 인자하심과 준엄하심을 보라 넘어지는 자들에게는 준엄하심이 있으니 그 인자가 너희에게 있으리라

Consider therefore the kindness and sternness of God: sternness to those who fell, but kindness to you, **provided that you continue in his kindness.**
그러므로 하나님의 인자하심과 준엄하심을 보라 넘어지는 자들에게는 준엄하심이 있으니 너희가 만일 하나님의 인자하심에 머물러 있으면 그 인자가 너희에게 있으리라

Consider therefore the kindness and sternness of God: sternness to those who fell, but kindness to you, provided that you continue in his kindness. **Otherwise, you also will be cut off.**

그러므로 하나님의 인자하심과 준엄하심을 보라 넘어지는 자들에게는 준엄하심이 있으니 너희가 만일 하나님의 인자하심에 머물러 있으면 그 인자가 너희에게 있으리라 그렇지 않으면 너도 찍히는 바 되리라

Consider therefore the kindness and sternness of God: sternness to those who fell, but kindness to you, provided that you continue in his kindness. Otherwise, you also will be cut off.

23 **And if they do not persist in unbelief,**

그들도 믿지 아니하는 데 머무르지 아니하면

And if they do not persist in unbelief, **they will be grafted in,**

그들도 믿지 아니하는 데 머무르지 아니하면 접붙임을 받으리니

And if they do not persist in unbelief, they will be grafted in, **for God is able to graft them in again.**

그들도 믿지 아니하는 데 머무르지 아니하면 접붙임을 받으리니 이는 그들을 접붙이실 능력이 하나님께 있음이라

And if they do not persist in unbelief, they will be grafted in, for God is able to graft them in again.

24 **After all, if you were cut out**

네가 찍힘을 받고 본성을

After all, if you were cut out **of an olive tree that is wild by nature,**

네가 원 돌감람나무에서 찍힘을 받고

After all, if you were cut out of an olive tree that is wild by nature,

and contrary to nature were grafted

네가 원 돌감람나무에서 찍힘을 받고 본성을 거슬러 접붙임을 받았으니

After all, if you were cut out of an olive tree that is wild by nature, and contrary to nature were grafted **into a cultivated olive tree,**

네가 원 돌감람나무에서 찍힘을 받고 본성을 거슬러 좋은 감람나무에 접붙임을 받았으니

After all, if you were cut out of an olive tree that is wild by nature, and contrary to nature were grafted into a cultivated olive tree, **how much more readily will these, the natural branches,**

네가 원 돌감람나무에서 찍힘을 받고 본성을 거슬러 좋은 감람나무에 접붙임을 받았으니 원 가지인 이 사람들이야 얼마나 더

After all, if you were cut out of an olive tree that is wild by nature, and contrary to nature were grafted into a cultivated olive tree, how much more readily will these, the natural branches, **be grafted into their own olive tree!**

네가 원 돌감람나무에서 찍힘을 받고 본성을 거슬러 좋은 감람나무에 접붙임을 받았으니 원 가지인 이 사람들이야 얼마나 더 자기 감람나무에 접붙이심을 받으랴

After all, if you were cut out of an olive tree that is wild by nature, and contrary to nature were grafted into a cultivated olive tree, how much more readily will these, the natural branches, be grafted into their own olive tree!

220

---

stumble vi.발부리가 걸리다 | recovery n.되찾기, 회복 | transgression n.허물 | fullness n.차 있음, 가득함 | Inasmuch ad.-하는 한 | apostle n.사도 | ministry n.임무 | somehow ad.어떻게 해서든지 | arouse vt.깨우다 | rejection n.거절 | reconciliation n.화해 | acceptance n.수락 | dough n.밀가루반죽 | offer vt.바치다 | whole a.전체의 | batch n.한번에 구워낸 것 | branches n.가지들 | wild a.야

생의 | olive n.올리브 | shoot n.새로 나온 가지 | graft vt.접목하다 | nourishing a.영양분이 많은 | root n.뿌리 | boast vi.자랑하다 | support vt.받치다 | grant vt. 옳다 | unbelief n.불신 | arrogant a.거만한 | spare vt.아끼다 | sternness n.엄격함 | persist vi.고집하다 | contrary a.-에 반대되는 | cultivated a.재배된 | readily ad.쾌히

온 이스라엘이 구원을 얻으리라 (11:25-36)

25 **I do not want you to be ignorant of this mystery,**

이 신비를 너희가 모르기를 내가 원하지 아니하노니

I do not want you to be ignorant of this mystery, **brothers, so that you may not be conceited:**

형제들아 너희가 스스로 지혜 있다 하면서 이 신비를 너희가 모르기를 내가 원하지 아니하노니

I do not want you to be ignorant of this mystery, brothers, so that you may not be conceited: **Israel has experienced a hardening in part**

형제들아 너희가 스스로 지혜 있다 하면서 이 신비를 너희가 모르기를 내가 원하지 아니하노니 이스라엘의 더러는 우둔하게 된 것이라

I do not want you to be ignorant of this mystery, brothers, so that you may not be conceited: Israel has experienced a hardening in part **until the full number of the Gentiles has come in.**

형제들아 너희가 스스로 지혜 있다 하면서 이 신비를 너희가 모르기를 내가 원하지 아니하노니 이 신비는 이방인의 충만한 수가 들어오기까지 이스라엘의 더러는 우둔하게 된 것이라

I do not want you to be ignorant of this mystery, brothers, so that you may not be conceited: Israel has experienced a hardening in part until the full number of the Gentiles has come in.

26 **And so all Israel will be saved,**
그리하여 온 이스라엘이 구원을 받으리라

And so all Israel will be saved, **as it is written:**
그리하여 온 이스라엘이 구원을 받으리라 기록된 바

And so all Israel will be saved, as it is written: "**The deliverer will come from Zion;**
그리하여 온 이스라엘이 구원을 받으리라 기록된 바 구원자가 시온에서 오사

And so all Israel will be saved, as it is written: "The deliverer will come from Zion; **he will turn godlessness away from Jacob.**
그리하여 온 이스라엘이 구원을 받으리라 기록된 바 구원자가 시온에서 오사 야곱에게서 경건하지 않은 것을 돌이키시겠고

And so all Israel will be saved, as it is written: "The deliverer will come from Zion; he will turn godlessness away from Jacob.

27 **And this is my covenant with them**
그들에게 이루어질 내 언약이 이것이라 함과 같으니라

And this is my covenant with them **when I take away their sins."**
내가 그들의 죄를 없이 할 때에 그들에게 이루어질 내 언약이 이것이라 함과 같으니라

And this is my covenant with them when I take away their sins."

28 **As far as the gospel is concerned,**

복음으로 하면

As far as the gospel is concerned, **they are enemies on your account;**

복음으로 하면 그들이 너희로 말미암아 원수 된 자요

As far as the gospel is concerned, they are enemies on your account; **but as far as election is concerned,**

복음으로 하면 그들이 너희로 말미암아 원수 된 자요 택하심으로 하면

As far as the gospel is concerned, they are enemies on your account; but as far as election is concerned, **they are loved on account of the patriarchs,**

복음으로 하면 그들이 너희로 말미암아 원수 된 자요 택하심으로 하면 조상들로 말미암아 사랑을 입은 자라

As far as the gospel is concerned, they are enemies on your account; but as far as election is concerned, they are loved on account of the patriarchs,

29 **for God' s gifts and his call**

하나님의 은사와 부르심에는

for God' s gifts and his call **are irrevocable.**

하나님의 은사와 부르심에는 후회하심이 없느니라

for God' s gifts and his call are irrevocable.

30 **Just as you who were at one time**

너희가 전에는

Just as you who were at one time **disobedient to God**

너희가 전에는 하나님께 순종하지 아니하더니

Just as you who were at one time disobedient to God **have now received mercy**

너희가 전에는 하나님께 순종하지 아니하더니 이제 긍휼을 입었는지라

Just as you who were at one time disobedient to God have now received mercy **as a result of their disobedience,**

너희가 전에는 하나님께 순종하지 아니하더니 이스라엘이 순종하지 아니함으로 이제 긍휼을 입었는지라

Just as you who were at one time disobedient to God have now received mercy as a result of their disobedience,

31 **so they too have now become disobedient**

이와 같이 이 사람들이 순종하지 아니하니

so they too have now become disobedient **in order that they too may now receive mercy**

이와 같이 이 사람들이 순종하지 아니하니 이제 그들도 긍휼을 얻게 하려 하심이라

so they too have now become disobedient in order that they too may now receive mercy **as a result of God's mercy to you.**

이와 같이 이 사람들이 순종하지 아니하니 이는 너희에게 베푸시는 긍휼로 이제 그들도 긍휼을 얻게 하려 하심이라

so they too have now become disobedient in order that they too may now receive mercy as a result of God's mercy to you.

이방인을 사랑하시는 하나님, 유대인을 사랑하시는 하나님

이스라엘이 넘어짐으로 그 구원이 이방인에게로 흐르고 이방인에게 주어지는 구원으로 말미암아 유대인으로 하여금 시기하게 하여 이스라엘을 구원하는 것에 하나님의 계획이 있다고 바울 사도는 역설한다. 유대인은 유대인이라고 자

만해서도 안 되며 이방인은 그들이 받은 구원으로 인해 교만해서도 안 된다. 누구든 높은 마음을 품지 말고 도리어 두려운 마음으로 믿음에 서 있어야 한다.

송영 (11:32~36)

32 **For God has bound all men over to disobedience**
하나님이 모든 사람을 순종하지 아니하는 가운데 가두어 두심은

For God has bound all men over to disobedience **so that he may have mercy on them all.**
하나님이 모든 사람을 순종하지 아니하는 가운데 가두어 두심은 모든 사람에게 긍휼을 베풀려 하심이로다

For God has bound all men over to disobedience so that he may have mercy on them all.

33 **Oh, the depth of the riches of the wisdom**
깊도다 지혜의 풍성함이여,

Oh, the depth of the riches of the wisdom **and knowledge of God!**
깊도다 하나님의 지혜와 지식의 풍성함이여,

Oh, the depth of the riches of the wisdom and knowledge of God! **How unsearchable his judgments,**
깊도다 하나님의 지혜와 지식의 풍성함이여, 그의 판단은 헤아리지 못할 것이며

Oh, the depth of the riches of the wisdom and knowledge of God! How unsearchable his judgments, **and his paths beyond tracing out!**
깊도다 하나님의 지혜와 지식의 풍성함이여, 그의 판단은 헤아리지 못할 것이며 그의 길은 찾지 못할 것이로다

Oh, the depth of the riches of the wisdom and knowledge of God! How unsearchable his judgments, and his paths beyond tracing out!

34 **"Who has known the mind of the Lord?**
누가 주의 마음을 알았느냐

"Who has known the mind of the Lord? **Or who has been his counselor?"**
누가 주의 마음을 알았느냐 누가 그의 모사가 되었느냐

"Who has known the mind of the Lord? Or who has been his counselor?"

226

35 **"Who has ever given to God,**
누가 주께 먼저 드려서

"Who has ever given to God, **that God should repay him?"**
누가 주께 먼저 드려서 갚으심을 받겠느냐

"Who has ever given to God, that God should repay him?"

36 **For from him and through him**
이는 (만물이) 주에게서 나오고 주로 말미암고

For from him and through him **and to him are all things.**
이는 만물이 주에게서 나오고 주로 말미암고 주에게로 돌아감이라

For from him and through him and to him are all things. **To him be the glory forever! Amen.**
이는 만물이 주에게서 나오고 주로 말미암고 주에게로 돌아감이라 그에게 영광이 세세에 있을지어다 아멘

For from him and through him and to him are all things. To him be the glory forever! Amen.

ignorant a.무지한 | mystery n.신비 | conceited a.자만하는 | deliverer n.구원자 | godlessness n.무신 | Jacob n.야곱 | covenant n.언약 | patriarchs n.조상들 | irrevocable a.돌이킬 수 없는 | unsearchable a.헤아릴 수 없는 | paths n.길들 | tracing n.자취를 밟음, 추적 | counselor n.상담역, 모사 | repay vt.갚다 | glory n.영 광 | forever ad.영원히

12 장

산 제물 (12:1 – 21)

1 **Therefore, I urge you, brothers,**
그러므로 형제들아 내가 너희를 권하노니

Therefore, I urge you, brothers, **in view of God' s mercy,**
그러므로 형제들아 내가 하나님의 모든 자비하심으로 너희를 권하노니

Therefore, I urge you, brothers, in view of God' s mercy, **to offer your bodies as living sacrifices,**
그러므로 형제들아 내가 하나님의 모든 자비하심으로 너희를 권하노니 너희 몸을 산 제물로 드리라

Therefore, I urge you, brothers, in view of God' s mercy, to offer your bodies as living sacrifices, **holy and pleasing to God–**

그러므로 형제들아 내가 하나님의 모든 자비하심으로 너희를 권하노니 너희 몸을 하
나님이 기뻐하시는 거룩한 산 제물로 드리라

Therefore, I urge you, brothers, in view of God's mercy, to offer
your bodies as living sacrifices, holy and pleasing to God–**this is
your spiritual act of worship.**

그러므로 형제들아 내가 하나님의 모든 자비하심으로 너희를 권하노니 너희 몸을 하
나님이 기뻐하시는 거룩한 산 제물로 드리라 이는 너희가 드릴 영적 예배니라

**Therefore, I urge you, brothers, in view of God's mercy, to
offer your bodies as living sacrifices, holy and pleasing to
God–this is your spiritual act of worship.**

2 **Do not conform any longer to the pattern of this world,**

너희는 이 세대를 본받지 말고

Do not conform any longer to the pattern of this world, **but be
transformed by the renewing of your mind.**

너희는 이 세대를 본받지 말고 오직 마음을 새롭게 함으로 변화를 받아

Do not conform any longer to the pattern of this world, but be
transformed by the renewing of your mind. **Then you will be able
to test**

너희는 이 세대를 본받지 말고 오직 마음을 새롭게 함으로 변화를 받아 분별하도록 하라

Do not conform any longer to the pattern of this world, but be
transformed by the renewing of your mind. Then you will be able to
test **and approve what God's will is–**

너희는 이 세대를 본받지 말고 오직 마음을 새롭게 함으로 변화를 받아 하나님의 뜻
이 무엇인지 분별하도록 하라

Do not conform any longer to the pattern of this world, but be
transformed by the renewing of your mind. Then you will be able to
test and approve what God's will is–**his good, pleasing and
perfect will.**

너희는 이 세대를 본받지 말고 오직 마음을 새롭게 함으로 변화를 받아 하나님의 선하시고 기뻐하시고 온전하신 뜻이 무엇인지 분별하도록 하라

Do not conform any longer to the pattern of this world, but be transformed by the renewing of your mind. Then you will be able to test and approve what God's will is—his good, pleasing and perfect will.

3 **For by the grace given me**
내게 주신 은혜로 말미암아

For by the grace given me **I say to every one of you:**
내게 주신 은혜로 말미암아 너희 각 사람에게 말하노니

For by the grace given me I say to every one of you: **Do not think of yourself more highly than you ought,**
내게 주신 은혜로 말미암아 너희 각 사람에게 말하노니 마땅히 생각할 그 이상의 생각을 품지 말고

For by the grace given me I say to every one of you: Do not think of yourself more highly than you ought, **but rather think of yourself with sober judgment,**
내게 주신 은혜로 말미암아 너희 각 사람에게 말하노니 마땅히 생각할 그 이상의 생각을 품지 말고 지혜롭게 생각하라

For by the grace given me I say to every one of you: Do not think of yourself more highly than you ought, but rather think of yourself with sober judgment, **in accordance with the measure of faith**
내게 주신 은혜로 말미암아 너희 각 사람에게 말하노니 마땅히 생각할 그 이상의 생각을 품지 말고 믿음의 분량대로 지혜롭게 생각하라

For by the grace given me I say to every one of you: Do not think of yourself more highly than you ought, but rather think of yourself with sober judgment, in accordance with the measure of faith **God has given you.**

내게 주신 은혜로 말미암아 너희 각 사람에게 말하노니 마땅히 생각할 그 이상의 생각을 품지 말고 오직 하나님께서 각 사람에게 나누어 주신 믿음의 분량대로 지혜롭게 생각하라

For by the grace given me I say to every one of you: Do not think of yourself more highly than you ought, but rather think of yourself with sober judgment, in accordance with the measure of faith God has given you.

4 **Just as each of us has one body**
우리가 한 몸에

Just as each of us has one body **with many members,**
우리가 한 몸에 많은 지체를 가졌으나

Just as each of us has one body with many members, **and these members do not all have the same function,**
우리가 한 몸에 많은 지체를 가졌으나 모든 지체가 같은 기능을 가진 것이 아니니

Just as each of us has one body with many members, and these members do not all have the same function,

5 **so in Christ we**
이와 같이 우리는

so in Christ we **who are many form one body,**
이와 같이 우리 많은 사람이 그리스도 안에서 한 몸이 되어

so in Christ we who are many form one body, **and each member belongs to all the others.**
이와 같이 우리 많은 사람이 그리스도 안에서 한 몸이 되어 서로 지체가 되었느니라

so in Christ we who are many form one body, and each member belongs to all the others.

6 **We have different gifts,**

우리 받은 은사가 각각 다르니

We have different gifts, **according to the grace given us.**

우리에게 주신 은혜대로 받은 은사가 각각 다르니

We have different gifts, according to the grace given us. **If a man's gift is prophesying,**

우리에게 주신 은혜대로 받은 은사가 각각 다르니 혹 예언이면

We have different gifts, according to the grace given us. If a man's gift is prophesying, **let him use it in proportion to his faith.**

우리에게 주신 은혜대로 받은 은사가 각각 다르니 혹 예언이면 믿음의 분수대로,

We have different gifts, according to the grace given us. If a man's gift is prophesying, let him use it in proportion to his faith.

7 **If it is serving,**

혹 섬기는 일이면

If it is serving, **let him serve;**

혹 섬기는 일이면 섬기는 일로,

If it is serving, let him serve; **if it is teaching, let him teach;**

혹 섬기는 일이면 섬기는 일로, 혹 가르치는 자면 가르치는 일로,

If it is serving, let him serve; if it is teaching, let him teach;

8 **if it is encouraging, let him encourage;**

혹 위로하는 자면 위로하는 일로,

if it is encouraging, let him encourage; **if it is contributing to the needs of others,**

혹 위로하는 자면 위로하는 일로, 구제하는 ,

if it is encouraging, let him encourage; if it is contributing to the needs of others, **let him give generously;**

혹 위로하는 자면 위로하는 일로, 구제하는 자는 성실함으로,

if it is encouraging, let him encourage; if it is contributing to the needs of others, let him give generously; **if it is leadership, let him govern diligently;**

혹 위로하는 자면 위로하는 일로, 구제하는 자는 성실함으로, 다스리는 자는 부지런함으로,

if it is encouraging, let him encourage; if it is contributing to the needs of others, let him give generously; if it is leadership, let him govern diligently; **if it is showing mercy, let him do it cheerfully.**

혹 위로하는 자면 위로하는 일로, 구제하는 자는 성실함으로, 다스리는 자는 부지런함으로, 긍휼을 베푸는 자는 즐거움으로 할 것이니라

if it is encouraging, let him encourage; if it is contributing to the needs of others, let him give generously; if it is leadership, let him govern diligently; if it is showing mercy, let him do it cheerfully.

9 **Love must be sincere.**
사랑에는 거짓이 없나니

Love must be sincere. **Hate what is evil;**
사랑에는 거짓이 없나니 악을 미워하고

Love must be sincere. Hate what is evil; **cling to what is good.**
사랑에는 거짓이 없나니 악을 미워하고 선에 속하라

Love must be sincere. Hate what is evil; cling to what is good.

10 **Be devoted to one another**

서로 우애하고

Be devoted to one another **in brotherly love.**

형제를 사랑하여 서로 우애하고

Be devoted to one another in brotherly love. **Honor one another above yourselves.**

형제를 사랑하여 서로 우애하고 존경하기를 서로 먼저 하며

Be devoted to one another in brotherly love. Honor one another above yourselves.

11 **Never be lacking in zeal,**

부지런하여

Never be lacking in zeal, **but keep your spiritual fervor,**

부지런하여 게으르지 말고

Never be lacking in zeal, but keep your spiritual fervor, **serving the Lord.**

부지런하여 게으르지 말고 열심을 품고 주를 섬기라

Never be lacking in zeal, but keep your spiritual fervor, serving the Lord.

12 **Be joyful in hope,**

소망 중에 즐거워하며

Be joyful in hope, **patient in affliction,**

소망 중에 즐거워하며 환난 중에 참으며

Be joyful in hope, patient in affliction, **faithful in prayer.**

소망 중에 즐거워하며 환난 중에 참으며 기도에 항상 힘쓰며

Be joyful in hope, patient in affliction, faithful in prayer.

13 **Share with God's people who are in need.**

성도들의 쓸 것을 공급하며

Share with God's people who are in need. **Practice hospitality.**

성도들의 쓸 것을 공급하며 손 대접하기를 힘쓰라

Share with God's people who are in need. Practice hospitality.

14 **Bless those who persecute you;**

너희를 박해하는 자를 축복하라

Bless those who persecute you; **bless and do not curse.**

너희를 박해하는 자를 축복하라 축복하고 저주하지 말라

Bless those who persecute you; bless and do not curse.

234

15 **Rejoice with those who rejoice;**

즐거워하는 자들과 함께 즐거워하고

Rejoice with those who rejoice; **mourn with those who mourn.**

즐거워하는 자들과 함께 즐거워하고 우는 자들과 함께 울라

Rejoice with those who rejoice; mourn with those who mourn.

16 **Live in harmony with one another.**

서로 마음을 같이하며

Live in harmony with one another. **Do not be proud,**

서로 마음을 같이하며 높은 데 마음을 두지 말고

Live in harmony with one another. Do not be proud, **but be willing to associate with people of low position.**

서로 마음을 같이하며 높은 데 마음을 두지 말고 도리어 낮은 데 처하며

Live in harmony with one another. Do not be proud, but be willing to associate with people of low position. **Do not be conceited.**

서로 마음을 같이하며 높은 데 마음을 두지 말고 도리어 낮은 데 처하며 스스로 지혜 있는 체 하지 말라

Live in harmony with one another. Do not be proud, but be willing to associate with people of low position. Do not be conceited.

17 **Do not repay anyone evil for evil.**

아무에게도 악을 악으로 갚지 말고

Do not repay anyone evil for evil. **Be careful to do what is right**

아무에게도 악을 악으로 갚지 말고 선한 일을 도모하라

Do not repay anyone evil for evil. Be careful to do what is right **in the eyes of everybody.**

아무에게도 악을 악으로 갚지 말고 모든 사람 앞에서 선한 일을 도모하라

235

Do not repay anyone evil for evil. Be careful to do what is right in the eyes of everybody.

18 **If it is possible,**

할 수 있거든

If it is possible, **as far as it depends on you,**

할 수 있거든 너희로서는

If it is possible, as far as it depends on you, **live at peace with everyone.**

할 수 있거든 너희로서는 모든 사람과 더불어 화목해라

If it is possible, as far as it depends on you, live at peace with everyone.

19 **Do not take revenge, my friends,**
내 사랑하는 자들아 너희가 친히 원수를 갚지 말고

Do not take revenge, my friends, **but leave room for God' s wrath,**
내 사랑하는 자들아 너희가 친히 원수를 갚지 말고 하나님의 진노하심에 맡기라

Do not take revenge, my friends, but leave room for God' s wrath,
for it is written:
내 사랑하는 자들아 너희가 친히 원수를 갚지 말고 하나님의 진노하심에 맡기라 기록되었으되

Do not take revenge, my friends, but leave room for God' s wrath,
for it is written: **"It is mine to avenge;**
내 사랑하는 자들아 너희가 친히 원수를 갚지 말고 하나님의 진노하심에 맡기라 기록되었으되 원수 갚는 것이 내게 있으니

Do not take revenge, my friends, but leave room for God' s wrath,
for it is written: "It is mine to avenge; **I will repay," says the Lord.**
내 사랑하는 자들아 너희가 친히 원수를 갚지 말고 하나님의 진노하심에 맡기라 기록되었으되 원수 갚는 것이 내게 있으니 내가 갚으리라고 주께서 말씀하시니라

Do not take revenge, my friends, but leave room for God' s wrath, for it is written: "It is mine to avenge; I will repay," says the Lord.

20 **On the contrary: "If your enemy is hungry, feed him;**
네 원수가 주리거든 먹이고

On the contrary: "If your enemy is hungry, feed him; **if he is thirsty, give him something to drink.**
네 원수가 주리거든 먹이고 목마르거든 마시게 하라

On the contrary: "If your enemy is hungry, feed him; if he is thirsty, give him something to drink. **In doing this,**
네 원수가 주리거든 먹이고 목마르거든 마시게 하라 그리함으로

On the contrary: "If your enemy is hungry, feed him; if he is thirsty, give him something to drink. In doing this, **you will heap burning coals on his head.**"

네 원수가 주리거든 먹이고 목마르거든 마시게 하라 그리함으로 네가 숯불을 그 머리에 쌓아 놓으리라

On the contrary: "If your enemy is hungry, feed him; if he is thirsty, give him something to drink. In doing this, you will heap burning coals on his head."

21 **Do not be overcome by evil,**

악에게 지지 말고

Do not be overcome by evil, **but overcome evil with good.**

악에게 지지 말고 선으로 악을 이기라

Do not be overcome by evil, but overcome evil with good.

sacrifices n.신에게 산 제물을 바침 | pleasing a.유쾌한 | worship n.예배 | conform vi.따르다 | pattern n.본 | renewing n.새롭게 함 | measure n.측정 | function n.기능 | prophesying n.예언하는 것 | proportion n.비례 | encouraging n.격려(위로)하는 것 | contributing n.구제하는 것 | generously ad.관대하게 | govern vt.다스리다 | diligently ad.부지런하게 | cheerfully ad.즐겁게 | sincere a.진실한 | hate vt.미워하다 | cling vi.달라붙다 | devoted a.심히 사랑하는 | brotherly a.형제의 | honor n.명예 | lacking a.부족하여 | zeal n.열심 | fervor n.열정 | patient a.참을성 있는 | affliction n.고난 | share vt.나누다 | practice vi.실행하다 | hospitality n.환대 | persecute vt.박해하다 | curse vt.저주하다 | mourn vi.애통하다 | harmony n.조화 | proud a.자존심이 있는 | associate vi.사귀다 | position n.자

리 | revenge n.복수 | room n.방, 장소 | contrary a.반대의 | feed vt.먹이다 |
heap n.더미 | burning a.불타는 | coal n.석탄, 숯불 | overcome vt.이기다

우리의 몸은 하나님께 바쳐지는 산 제물이며 그 산 제물이

이 땅에서 따라야 할 진리는 다음과 같다.

1. 이 세대를 본받지 말고 마음을 새롭게 함으로 하나님의 기뻐하시는 일을 분별할 것.

2. 마땅히 생각할 그 이상의 생각을 품지 말고 하나님께서 나눠주신 분량대로 지혜롭게 생각할 것.

3. 우리 모두는 그리스도안에서 한 몸임을 명심할 것.

4. 악을 미워하고 선에 속할 것.

5. 형제를 사랑하여 서로 우애하고 존경하기를 서로 먼저 할 것.

6. 부지런하여 게으르지 말고 열심히 주를 섬길 것.

7. 소망을 가지어 늘 즐거워하며 환란 중에도 참으며 기도에 항상 힘쓸 것.

8. 성도들의 쓸 것을 공급하며 손님 대접하기를 힘쓸 것.

9. 자신을 박해하는 자를 축복하고 저주하지 말 것.

10. 즐거워하는 자들과는 함께 즐거워하고 우는 자들과는 함께 울 것.

11. 성도들과 마음을 늘 함께하며 겸손하고 교만하지 말 것.

12. 누구에게도 악을 악으로 갚지 말고 모든 사람 앞에서 선을 도모할 것.

13. 모든 사람과 더불어 화목할 것.

14. 친히 원수를 갚지 말고 주께 맡길 것.

15. 원수가 주리거든 먹게 하고 목마르거든 마시게 할 것.

16. 악을 대하여서는 선으로 그를 이길 것.

13 장

권세에 복종하라 (13:1-7)

1 **Everyone must submit himself**

각 사람은 복종하라

Everyone must submit himself **to the governing authorities,**

각 사람은 위에 있는 권세들에게 복종하라

Everyone must submit himself to the governing authorities, **for there is no authority except that which God has established.**

각 사람은 위에 있는 권세들에게 복종하라 권세는 하나님으로부터 나지 않음이 없나니

Everyone must submit himself to the governing authorities, for there is no authority except that which God has established. **The authorities that exist have been established by God.**

각 사람은 위에 있는 권세들에게 복종하라 권세는 하나님으로부터 나지 않음이 없나니 모든 권세는 다 하나님께서 정하신 바라

Everyone must submit himself to the governing authorities, for there is no authority except that which God has established. The authorities that exist have been established by God.

2 **Consequently, he who rebels against the authority**

그러므로 권세를 거스르는 자는

Consequently, he who rebels against the authority **is rebelling against what God has** instituted,

그러므로 권세를 거스르는 자는 하나님의 명을 거스름이니

Consequently, he who rebels against the authority is rebelling against what God has instituted, **and those who do so will bring judgment on themselves.**

그러므로 권세를 거스르는 자는 하나님의 명을 거스름이니 거스르는 자들은 심판을 자취하리라

Consequently, he who rebels against the authority is rebelling against what God has instituted, and those who do so will bring judgment on themselves.

3 **For rulers hold no terror**

다스리는 자들은 두려움이 되지 않고

For rulers hold no terror **for those who do right,**

다스리는 자들은 선한 일에 대하여 두려움이 되지 않고

For rulers hold no terror for those who do right, **but for those who do wrong.**

다스리는 자들은 선한 일에 대하여 두려움이 되지 않고 악한 일에 대하여 되나니

For rulers hold no terror for those who do right, but for those who do wrong. **Do you want to be free from fear**

다스리는 자들은 선한 일에 대하여 두려움이 되지 않고 악한 일에 대하여 되나니 두려워하지 아니하려느냐

For rulers hold no terror for those who do right, but for those who do wrong. Do you want to be free from fear **of the one in authority?**

다스리는 자들은 선한 일에 대하여 두려움이 되지 않고 악한 일에 대하여 되나니 네가 권세를 두려워하지 아니하려느냐

For rulers hold no terror for those who do right, but for those who do wrong. Do you want to be free from fear of the one in authority? **Then do what is right**

다스리는 자들은 선한 일에 대하여 두려움이 되지 않고 악한 일에 대하여 되나니 네가 권세를 두려워하지 아니하려느냐 선을 행하라

For rulers hold no terror for those who do right, but for those who do wrong. Do you want to be free from fear of the one in authority? Then do what is right **and he will commend you.**

다스리는 자들은 선한 일에 대하여 두려움이 되지 않고 악한 일에 대하여 되나니 네가 권세를 두려워하지 아니하려느냐 선을 행하라 그리하면 그에게 칭찬을 받으리라

For rulers hold no terror for those who do right, but for those who do wrong. Do you want to be free from fear of the one in authority? Then do what is right and he will commend you.

4 **For he is God' s servant to do you good.**

그는 하나님의 사역자가 되어 네게 선을 베푸는 자니라

For he is God' s servant to do you good. **But if you do wrong, be afraid,**

그는 하나님의 사역자가 되어 네게 선을 베푸는 자니라 그러나 네가 악을 행하거든 두려워하라

For he is God' s servant to do you good. But if you do wrong, be afraid, f**or he does not bear the sword for nothing.**

그는 하나님의 사역자가 되어 네게 선을 베푸는 자니라 그러나 네가 악을 행하거든 두려워하라 그가 공연히 칼을 가지지 아니하였으니

For he is God' s servant to do you good. But if you do wrong, be afraid, for he does not bear the sword for nothing. **He is God' s servant,**

그는 하나님의 사역자가 되어 네게 선을 베푸는 자니라 그러나 네가 악을 행하거든 두려워하라 그가 공연히 칼을 가지지 아니하였으니 곧 하나님의 사역자가 되어

For he is God' s servant to do you good. But if you do wrong, be afraid, for he does not bear the sword for nothing. He is God's servant, **an agent of wrath to bring punishment**

그는 하나님의 사역자가 되어 네게 선을 베푸는 자니라 그러나 네가 악을 행하거든 두려워하라 그가 공연히 칼을 가지지 아니하였으니 곧 하나님의 사역자가 되어 진노하심을 따라 보응하는 자니라

For he is God's servant to do you good. But if you do wrong, be afraid, for he does not bear the sword for nothing. He is God's servant, an agent of wrath to bring punishment **on the wrongdoer.**

그는 하나님의 사역자가 되어 네게 선을 베푸는 자니라 그러나 네가 악을 행하거든 두려워하라 그가 공연히 칼을 가지지 아니하였으니 곧 하나님의 사역자가 되어 악을 행하는 자에게 진노하심을 따라 보응하는 자니라

For he is God's servant to do you good. But if you do wrong, be afraid, for he does not bear the sword for nothing. He is God's servant, an agent of wrath to bring punishment on the wrongdoer.

242

5 **Therefore, it is necessary to submit to the authorities,**

그러므로 복종하지 아니할 수 없으니

Therefore, it is necessary to submit to the authorities, **not only because of possible punishment**

그러므로 복종하지 아니할 수 없으니 진노 때문에 할 것이 아니라

Therefore, it is necessary to submit to the authorities, not only because of possible punishment **but also because of conscience.**

그러므로 복종하지 아니할 수 없으니 진노 때문에 할 것이 아니라 양심을 따라 할 것이라

Therefore, it is necessary to submit to the authorities, not only because of possible punishment but also because of conscience.

6 **This is also why you pay taxes,**
너희가 조세를 바치는 것도 이로 말미암음이라

This is also why you pay taxes, **for the authorities are God's servants,**
너희가 조세를 바치는 것도 이로 말미암음이라 그들이 하나님의 일꾼이 되어

This is also why you pay taxes, for the authorities are God's servants, **who give their full time to governing.**
너희가 조세를 바치는 것도 이로 말미암음이라 그들이 하나님의 일꾼이 되어 바로 이 일에 항상 힘쓰느니라

This is also why you pay taxes, for the authorities are God's servants, who give their full time to governing.

7 **Give everyone what you owe him:**
모든 자에게 줄 것을 주되

Give everyone what you owe him: **If you owe taxes, pay taxes;**
모든 자에게 줄 것을 주되 조세를 받을 자에게 조세를 바치고

Give everyone what you owe him: If you owe taxes, pay taxes; **if revenue, then revenue;**
모든 자에게 줄 것을 주되 조세를 받을 자에게 조세를 바치고 관세를 받을 자에게 관세를 바치고

Give everyone what you owe him: If you owe taxes, pay taxes; if revenue, then revenue; **if respect, then respect;**
모든 자에게 줄 것을 주되 조세를 받을 자에게 조세를 바치고 관세를 받을 자에게 관세를 바치고 두려워할 자를 두려워하며

Give everyone what you owe him: If you owe taxes, pay taxes; if revenue, then revenue; if respect, then respect; **if honor, then honor.**
모든 자에게 줄 것을 주되 조세를 받을 자에게 조세를 바치고 관세를 받을 자에게 관

세를 바치고 두려워할 자를 두려워하며 존경할 자를 존경하라

Give everyone what you owe him: If you owe taxes, pay taxes; if revenue, then revenue; if respect, then respect; if honor, then honor.

---

authority n.권세 I established a.확립된 I Consequently ad.따라서 I rebel vi.반항하다 I institute vt.세우다 I ruler n.통치자 I terror n.공포 I commend vt.칭찬하다 I sword n.칼 I punishment n.형벌 I wrongdoer n.범죄자 I conscience n.양심 I taxes n.세금들 I revenue n.세입 I respect vt.존경하다

244

권세에 복종하라 (13:8 – 14)

8 Let no debt remain outstanding,

아무에게든지 아무 빚도 지지 말라

Let no debt remain outstanding, **except the continuing debt to love one another,**

피차 사랑의 빚 외에는 아무에게든지 아무 빚도 지지 말라

Let no debt remain outstanding, except the continuing debt to love one another, **for he who loves his fellowman**

피차 사랑의 빚 외에는 아무에게든지 아무 빚도 지지 말라 남을 사랑하는 자는

Let no debt remain outstanding, except the continuing debt to love one another, for he who loves his fellowman **has fulfilled the law.**

피차 사랑의 빚 외에는 아무에게든지 아무 빚도 지지 말라 남을 사랑하는 자는 율법을 다 이루었느니라

Let no debt remain outstanding, except the continuing debt to love one another, for he who loves his fellowman has fulfilled the law.

9 **The commandments, "Do not commit adultery,"**

간음하지 말라,

The commandments, "Do not commit adultery," **"Do not murder,"**

간음하지 말라, 살인하지 말라,

The commandments, "Do not commit adultery," "Do not murder," **"Do not steal,"**

간음하지 말라, 살인하지 말라, 도둑질하지 말라,

The commandments, "Do not commit adultery," "Do not murder," "Do not steal," **"Do not covet,"**

간음하지 말라, 살인하지 말라, 도둑질하지 말라, 탐내지 말라

The commandments, "Do not commit adultery," "Do not murder," "Do not steal," "Do not covet," **and whatever other commandment there may be,**

간음하지 말라, 살인하지 말라, 도둑질하지 말라, 탐내지 말라 한 것과 그 외에 다른 계명이 있을지라도

The commandments, "Do not commit adultery," "Do not murder," "Do not steal," "Do not covet," and whatever other commandment there may be, **are summed up in this one rule:**

간음하지 말라, 살인하지 말라, 도둑질하지 말라, 탐내지 말라 한 것과 그 외에 다른 계명이 있을지라도 그 말씀 가운데 다 들었느니라

The commandments, "Do not commit adultery," "Do not murder," "Do not steal," "Do not covet," and whatever other commandment there may be, are summed up in this one rule: **"Love your neighbor as yourself."**

간음하지 말라, 살인하지 말라, 도둑질하지 말라, 탐내지 말라 한 것과 그 외에 다른

계명이 있을지라도 네 이웃을 네 자신과 같이 사랑하라 하신 그 말씀 가운데 다 들었느니라

The commandments, "Do not commit adultery," "Do not murder," "Do not steal," "Do not covet," and whatever other commandment there may be, are summed up in this one rule: "Love your neighbor as yourself."

10 **Love does no harm to its neighbor.**
사랑은 이웃에게 악을 행하지 아니하나니

Love does no harm to its neighbor. **Therefore love is the fulfillment of the law.**
사랑은 이웃에게 악을 행하지 아니하나니 그러므로 사랑은 율법의 완성이니라

Love does no harm to its neighbor. Therefore love is the fulfillment of the law.

사랑은 율법의 완성이니라

남을 사랑하는 자는 율법을 다 이룬 자다. 간음도 살인도 도적질도 남의 것을 탐내는 것도 그 상대를 진정으로 사랑한다면 행치 못할 행위들이다. 사랑은 이웃에게 악을 행치 아니한다.

11 **And do this, understanding the present time.**
또한 너희가 이 시기를 알거니와

And do this, understanding the present time. **The hour has come for you to wake up**

또한 너희가 이 시기를 알거니와 깰 때가 벌써 되었으니

And do this, understanding the present time. The hour has come for you to wake up **from your slumber,**

또한 너희가 이 시기를 알거니와 자다가 깰 때가 벌써 되었으니

And do this, understanding the present time. The hour has come for you to wake up from your slumber, **because our salvation is nearer now than when we first believed.**

또한 너희가 이 시기를 알거니와 자다가 깰 때가 벌써 되었으니 이는 이제 우리의 구원이 가까웠음이라

And do this, understanding the present time. The hour has come for you to wake up from your slumber, because our salvation is nearer now **than when we first believed.**

또한 너희가 이 시기를 알거니와 자다가 깰 때가 벌써 되었으니 이는 이제 우리의 구원이 처음 믿을 때보다 가까웠음이라

And do this, understanding the present time. The hour has come for you to wake up from your slumber, because our salvation is nearer now than when we first believed.

12 **The night is nearly over;**

밤이 깊고

The night is nearly over; **the day is almost here.**

밤이 깊고 낮이 가까웠으니

The night is nearly over; the day is almost here. **So let us put aside the deeds of darkness**

밤이 깊고 낮이 가까웠으니 그러므로 우리가 어둠의 일을 벗고

The night is nearly over; the day is almost here. So let us put aside the deeds of darkness **and put on the armor of ligh**t.

밤이 깊고 낮이 가까웠으니 그러므로 우리가 어둠의 일을 벗고 빛의 갑옷을 입자

The night is nearly over; the day is almost here. So let us put aside the deeds of darkness and put on the armor of light.

13 **Let us behave decently,**

단정히 행하고

Let us behave decently, **as in the daytime,**

낮에와 같이 단정히 행하고

Let us behave decently, as in the daytime, **not in orgies and drunkenness,**

낮에와 같이 단정히 행하고 방탕하거나 술 취하지 말며

Let us behave decently, as in the daytime, not in orgies and drunkenness, **not in sexual immorality and debauchery,**

낮에와 같이 단정히 행하고 방탕하거나 술 취하지 말며 음란하거나 호색하지 말며

Let us behave decently, as in the daytime, not in orgies and drunkenness, not in sexual immorality and debauchery, **not in dissension and jealousy.**

낮에와 같이 단정히 행하고 방탕하거나 술 취하지 말며 음란하거나 호색하지 말며 다투거나 시기하지 말고

Let us behave decently, as in the daytime, not in orgies and drunkenness, not in sexual immorality and debauchery, not in dissension and jealousy.

14 **Rather, clothe yourselves with the Lord Jesus Christ,**

오직 주 예수 그리스도로 옷 입고

Rather, clothe yourselves with the Lord Jesus Christ, **and do not think about how to gratify**

오직 주 예수 그리스도로 옷 입고 육신의 일을 도모하지 말라

Rather, clothe yourselves with the Lord Jesus Christ, and do not think about how to gratify **the desires of the sinful nature.**

오직 주 예수 그리스도로 옷 입고 정욕을 위하여 육신의 일을 도모하지 말라

Rather, clothe yourselves with the Lord Jesus Christ, and do not think about how to gratify the desires of the sinful nature.

---

debt n.빚 | remain vi.남다 | outstanding a.눈에 띄는 | continuing a.연속적인 |

fellowman n.인간, 동포 | fulfill vt.이행하다 | commandments n.계명들 | adultery

n.간통 | murder n.살인 | steal vt.훔치다 | covet vi.탐내다 | sum vt.합계하다 |

neighbor n.이웃 | harm n.해, 해악 | fulfillment n.이행 | slumber n.잠 | aside

ad.곁에 | deeds n.행위들 | armor n.갑옷 | behave vi.행동하다 | decently ad.품위

있게 | daytime n.낮 | orgie n.진탕 먹고 떠들기 | drunkenness n.술 취함 | sexual

a.성(性)의 | immorality n.부도덕 | debauchery n.방탕 | dissension n.불화 |

jealousy n.질투 | gratify vt.만족시키다

14장

연약한 자들과 강한 자들 (14:1-23)

1 **Accept him whose faith is weak,**

믿음이 연약한 자를 너희가 받되

Accept him whose faith is weak, **without passing judgment on disputable matters.**

믿음이 연약한 자를 너희가 받되 그의 의견을 비판하지 말라

Accept him whose faith is weak, without passing judgment on disputable matters.

2 **One man's faith allows him to eat everything,**

어떤 사람은 모든 것을 먹을 만한 믿음이 있고

One man's faith allows him to eat everything, **but another man, whose faith is weak,**

어떤 사람은 모든 것을 먹을 만한 믿음이 있고 믿음이 연약한 자는

One man's faith allows him to eat everything, but another man, whose faith is weak, **eats only vegetables.**

어떤 사람은 모든 것을 먹을 만한 믿음이 있고 믿음이 연약한 자는 채소만 먹느니라

One man's faith allows him to eat everything, but another man, whose faith is weak, eats only vegetables.

3 **The man who eats everything**

먹는 자는

The man who eats everything **must not look down on him who does not**

먹는 자는 먹지 않는 자를 업신여기지 말고

The man who eats everything must not look down on him who does not, **and the man who does not eat everything**

먹는 자는 먹지 않는 자를 업신여기지 말고 먹지 않는 자는

The man who eats everything must not look down on him who does not, and the man who does not eat everything **must not condemn**

the man who does,

먹는 자는 먹지 않는 자를 업신여기지 말고 먹지 않는 자는 먹는 자를 비판하지 말라

The man who eats everything must not look down on him who does not, and the man who does not eat everything must not condemn the man who does, **for God has accepted him.**

먹는 자는 먹지 않는 자를 업신여기지 말고 먹지 않는 자는 먹는 자를 비판하지 말라 이는 하나님이 그를 받으셨음이라

The man who eats everything must not look down on him who does not, and the man who does not eat everything must not condemn the man who does, for God has accepted him.

4 **Who are you to judge**

비판하는 너는 누구냐

Who are you to judge **someone else' s servant?**

남의 하인을 비판하는 너는 누구냐

Who are you to judge someone else' s servant? **To his own master he stands or falls.**

남의 하인을 비판하는 너는 누구냐 그가 서 있는 것이나 넘어지는 것이 자기 주인에게 있으매

Who are you to judge someone else' s servant? To his own master he stands or falls. **And he will stand,**

남의 하인을 비판하는 너는 누구냐 그가 서 있는 것이나 넘어지는 것이 자기 주인에게 있으매 그가 세움을 받으리니

Who are you to judge someone else' s servant? To his own master he stands or falls. And he will stand, **for the Lord is able to make him stand.**

남의 하인을 비판하는 너는 누구냐 그가 서 있는 것이나 넘어지는 것이 자기 주인에게 있으매 그가 세움을 받으리니 이는 그를 세우시는 권능이 주께 있음이라

Who are you to judge someone else's servant? To his own master he stands or falls. And he will stand, for the Lord is able to make him stand.

5 **One man considers one day more sacred**
어떤 사람은 이 날을 낫게 여기고

One man considers one day more sacred **than another;**
어떤 사람은 이 날을 저 날보다 낫게 여기고

One man considers one day more sacred than another; **another man considers every day alike.**
어떤 사람은 이 날을 저 날보다 낫게 여기고 어떤 사람은 모든 날을 같게 여기나니

One man considers one day more sacred than another; another man considers every day alike. **Each one should be fully convinced**
어떤 사람은 이 날을 저 날보다 낫게 여기고 어떤 사람은 모든 날을 같게 여기나니 각각 확정할지니라

One man considers one day more sacred than another; another man considers every day alike. Each one should be fully convinced **in his own mind.**
어떤 사람은 이 날을 저 날보다 낫게 여기고 어떤 사람은 모든 날을 같게 여기나니 각각 자기 마음으로 확정할지니라

One man considers one day more sacred than another; another man considers every day alike. Each one should be fully convinced in his own mind.

6 **He who regards one day as special,**
날을 중히 여기는 자도

He who regards one day as special, **does so to the Lord.**

날을 중히 여기는 자도 주를 위하여 중히 여기고

He who regards one day as special, does so to the Lord. **He who eats meat, eats to the Lord,**

날을 중히 여기는 자도 주를 위하여 중히 여기고 먹는 자도 주를 위하여 먹으니

He who regards one day as special, does so to the Lord. He who eats meat, eats to the Lord, **for he gives thanks to God;**

날을 중히 여기는 자도 주를 위하여 중히 여기고 먹는 자도 주를 위하여 먹으니 이는 하나님께 감사함이요

He who regards one day as special, does so to the Lord. He who eats meat, eats to the Lord, for he gives thanks to God; **and he who abstains, does so to the Lord**

날을 중히 여기는 자도 주를 위하여 중히 여기고 먹는 자도 주를 위하여 먹으니 이는 하나님께 감사함이요 먹지 않는 자도 주를 위하여 먹지 아니하며

He who regards one day as special, does so to the Lord. He who eats meat, eats to the Lord, for he gives thanks to God; and he who abstains, does so to the Lord **and gives thanks to God.**

날을 중히 여기는 자도 주를 위하여 중히 여기고 먹는 자도 주를 위하여 먹으니 이는 하나님께 감사함이요 먹지 않는 자도 주를 위하여 먹지 아니하며 하나님께 감사하느니라

He who regards one day as special, does so to the Lord. He who eats meat, eats to the Lord, for he gives thanks to God; and he who abstains, does so to the Lord and gives thanks to God.

7 **For none of us lives to himself alone**

우리 중에 누구든지 자기를 위하여 사는 자가 없고

For none of us lives to himself alone **and none of us dies to himself alone.**

우리 중에 누구든지 자기를 위하여 사는 자가 없고 자기를 위하여 죽는 자도 없도다

For none of us lives to himself alone and none of us dies to himself alone.

8 **If we live, we live to the Lord;**
우리가 살아도 주를 위하여 살고

If we live, we live to the Lord; **and if we die, we die to the Lord.**
우리가 살아도 주를 위하여 살고 죽어도 주를 위하여 죽나니

If we live, we live to the Lord; and if we die, we die to the Lord. **So, whether we live or die,**
우리가 살아도 주를 위하여 살고 죽어도 주를 위하여 죽나니 그러므로 사나 죽으나

If we live, we live to the Lord; and if we die, we die to the Lord. So, whether we live or die, **we belong to the Lord.**
우리가 살아도 주를 위하여 살고 죽어도 주를 위하여 죽나니 그러므로 사나 죽으나 우리가 주의 것이로다

If we live, we live to the Lord; and if we die, we die to the Lord. So, whether we live or die, we belong to the Lord.

9 **For this very reason,**
이를 위하여

For this very reason, **Christ died and returned to life**
이를 위하여 그리스도께서 죽었다가 다시 살아나셨으니

For this very reason, Christ died and returned to life **so that he might be the Lord**
이를 위하여 그리스도께서 죽었다가 다시 살아나셨으니 주가 되려 하심이라

For this very reason, Christ died and returned to life so that he might be the Lord **of both the dead and the living.**
이를 위하여 그리스도께서 죽었다가 다시 살아나셨으니 곧 죽은 자와 산 자의 주가

되려 하심이라

For this very reason, Christ died and returned to life so that he might be the Lord of both the dead and the living.

10 **You, then, why do you judge your brother?**
네가 어찌하여 네 형제를 비판하느냐

You, then, why do you judge your brother? **Or why do you look down on your brother?**
네가 어찌하여 네 형제를 비판하느냐 어찌하여 네 형제를 업신여기느냐

You, then, why do you judge your brother? Or why do you look down on your brother? **For we will all stand**
네가 어찌하여 네 형제를 비판하느냐 어찌하여 네 형제를 업신여기느냐 우리가 다 서리라

You, then, why do you judge your brother? Or why do you look down on your brother? For we will all stand **before God' s judgment seat.**
네가 어찌하여 네 형제를 비판하느냐 어찌하여 네 형제를 업신여기느냐 우리가 다 하나님의 심판대 앞에 서리라

You, then, why do you judge your brother? Or why do you look down on your brother? For we will all stand before God' s judgment seat.

11 **It is written: " 'As surely as I live,'**
기록되었으되 내가 살았노니

It is written: " 'As surely as I live,' **says the Lord,**
기록되었으되 주께서 이르시되 내가 살았노니

It is written: " 'As surely as I live,' says the Lord, **'every knee will**

bow before me;

기록되었으되 주께서 이르시되 내가 살았노니 모든 무릎이 내게 꿇을 것이요

It is written: " 'As surely as I live,' says the Lord, 'every knee will bow before me; **every tongue will confess to God.' "**

기록되었으되 주께서 이르시되 내가 살았노니 모든 무릎이 내게 꿇을 것이요 모든 혀가 하나님께 자백하리라 하였느니라

It is written: " 'As surely as I live,' says the Lord, 'every knee will bow before me; every tongue will confess to God.' "

12 So then, each of us will give an account of himself

이러므로 우리 각 사람이 자기 일을 직고하리라

So then, each of us will give an account of himself **to God.**

이러므로 우리 각 사람이 자기 일을 하나님께 직고하리라

256

So then, each of us will give an account of himself to God.

13 Therefore let us stop passing judgment on

그런즉 우리가 다시는 비판하지 말고

Therefore let us stop passing judgment on **one another.**

그런즉 우리가 다시는 서로 비판하지 말고

Therefore let us stop passing judgment on one another. **Instead, make up your mind**

그런즉 우리가 다시는 서로 비판하지 말고 도리어 주의하라

Therefore let us stop passing judgment on one another. Instead, make up your mind **not to put any stumbling block**

그런즉 우리가 다시는 서로 비판하지 말고 도리어 부딪칠 것을 두지 아니하도록 주의하라

Therefore let us stop passing judgment on one another. Instead, make up your mind not to put any stumbling block **or obstacle in your brother' s way.**

그런즉 우리가 다시는 서로 비판하지 말고 도리어 부딪칠 것이나 거칠 것을 형제 앞에 두지 아니하도록 주의하라

Therefore let us stop passing judgment on one another. Instead, make up your mind not to put any stumbling block or obstacle in your brother' s way.

14 **As one who is in the Lord Jesus,**

내가 주 예수 안에서

As one who is in the Lord Jesus, **I am fully convinced**

내가 주 예수 안에서 알고 확신하노니

As one who is in the Lord Jesus, I am fully convinced **that no food is unclean in itself.**

내가 주 예수 안에서 알고 확신하노니 무엇이든지 스스로 속된 것이 없으되

As one who is in the Lord Jesus, I am fully convinced that no food is unclean in itself. **But if anyone regards something as unclean,**

내가 주 예수 안에서 알고 확신하노니 무엇이든지 스스로 속된 것이 없으되 다만 속되게 여기는 그 사람에게는

As one who is in the Lord Jesus, I am fully convinced that no food is unclean in itself. But if anyone regards something as unclean, **then for him it is unclean.**

내가 주 예수 안에서 알고 확신하노니 무엇이든지 스스로 속된 것이 없으되 다만 속되게 여기는 그 사람에게는 속되니라

As one who is in the Lord Jesus, I am fully convinced that no food is unclean in itself. But if anyone regards something as unclean, then for him it is unclean.

15 **If your brother is distressed**
만일 네 형제가 근심하게 되면

If your brother is distressed **because of what you eat,**
만일 음식으로 말미암아 네 형제가 근심하게 되면

If your brother is distressed because of what you eat, **you are no longer acting in love.**
만일 음식으로 말미암아 네 형제가 근심하게 되면 이는 네가 사랑으로 행하지 아니함이라

If your brother is distressed because of what you eat, you are no longer acting in love. **Do not by your eating destroy your brother**
만일 음식으로 말미암아 네 형제가 근심하게 되면 이는 네가 사랑으로 행하지 아니함이라 형제를 네 음식으로 망하게 하지 말라

If your brother is distressed because of what you eat, you are no longer acting in love. Do not by your eating destroy your brother **for whom Christ died.**
만일 음식으로 말미암아 네 형제가 근심하게 되면 이는 네가 사랑으로 행하지 아니함이라 그리스도께서 대신하여 죽으신 형제를 네 음식으로 망하게 하지 말라

If your brother is distressed because of what you eat, you are no longer acting in love. Do not by your eating destroy your brother for whom Christ died.

16 **Do not allow**
않게 하라

Do not allow **what you consider good**
그러므로 너희의 선한 것이

Do not allow what you consider good **to be spoken of as evil.**
그러므로 너희의 선한 것이 비방을 받지 않게 하라

Do not allow what you consider good to be spoken of as evil.

17

For the kingdom of God
하나님의 나라는

For the kingdom of God **is not a matter of eating and drinking,**
하나님의 나라는 먹는 것과 마시는 것이 아니요

For the kingdom of God is not a matter of eating and drinking, **but of righteousness, peace and joy**
하나님의 나라는 먹는 것과 마시는 것이 아니요 오직 의와 평강과 희락이라

For the kingdom of God is not a matter of eating and drinking, but of righteousness, peace and joy **in the Holy Spirit,**
하나님의 나라는 먹는 것과 마시는 것이 아니요 오직 성령 안에 있는 의와 평강과 희락이라

For the kingdom of God is not a matter of eating and drinking, but of righteousness, peace and joy in the Holy Spirit,

because anyone who serves Christ
이로써 그리스도를 섬기는 자는

because anyone who serves Christ **in this way is pleasing to God**
이로써 그리스도를 섬기는 자는 하나님을 기쁘시게 하며

because anyone who serves Christ in this way is pleasing to God **and approved by men.**
이로써 그리스도를 섬기는 자는 하나님을 기쁘시게 하며 사람에게도 칭찬을 받느니라

because anyone who serves Christ in this way is pleasing to God and approved by men.

19 **Let us therefore make every effort**

그러므로 우리가 일을 힘쓰나니

Let us therefore make every effort **to do what leads to peace**

그러므로 우리가 화평의 일을 힘쓰나니

Let us therefore make every effort to do what leads to peace and **to mutual edification.**

그러므로 우리가 화평의 일과 서로 덕을 세우는 일을 힘쓰나니

Let us therefore make every effort to do what leads to peace and to mutual edification.

20 **Do not destroy the work of God**

하나님의 사업을 무너지게 하지 말라

Do not destroy the work of God **for the sake of food.**

음식으로 말미암아 하나님의 사업을 무너지게 하지 말라

Do not destroy the work of God for the sake of food. **All food is clean,**

음식으로 말미암아 하나님의 사업을 무너지게 하지 말라 만물이 다 깨끗하되

Do not destroy the work of God for the sake of food. All food is clean, **but it is wrong for a man**

음식으로 말미암아 하나님의 사업을 무너지게 하지 말라 만물이 다 깨끗하되 사람에게는 악한 것이라

Do not destroy the work of God for the sake of food. All food is clean, but it is wrong for a man **to eat anything that causes someone else to stumble.**

음식으로 말미암아 하나님의 사업을 무너지게 하지 말라 만물이 다 깨끗하되 거리낌으로 먹는 사람에게는 악한 것이라

Do not destroy the work of God for the sake of food. All food is

260

clean, but it is wrong for a man to eat anything that causes someone else to stumble.

21 It is better not to eat meat
고기도 먹지 아니함이 아름다우니라

It is better not to eat meat **or drink wine**
고기도 먹지 아니하고 포도주도 마시지 아니함이 아름다우니라

It is better not to eat meat or drink wine **or to do anything else**
고기도 먹지 아니하고 포도주도 마시지 아니하고 무엇이든지 아니함이 아름다우니라

It is better not to eat meat or drink wine or to do anything else **that will cause your brother to fall.**
고기도 먹지 아니하고 포도주도 마시지 아니하고 무엇이든지 네 형제로 거리끼게 하는 일을 아니함이 아름다우니라

It is better not to eat meat or drink wine or to do anything else that will cause your brother to fall.

22 So whatever you believe about these things
네게 있는 믿음을

So whatever you believe about these things **keep between yourself and God.**
네게 있는 믿음을 하나님 앞에서 스스로 가지고 있으라

So whatever you believe about these things keep between yourself and God. **Blessed is the man who does not condemn himself**
네게 있는 믿음을 하나님 앞에서 스스로 가지고 있으라 자기를 정죄하지 아니하는 자는 복이 있도다

So whatever you believe about these things keep between yourself and God. Blessed is the man who does not condemn himself **by**

what he approves.

네게 있는 믿음을 하나님 앞에서 스스로 가지고 있으라 자기가 옳다 하는 바로 자기를 정죄하지 아니하는 자는 복이 있도다

So whatever you believe about these things keep between yourself and God. Blessed is the man who does not condemn himself by what he approves.

23 **But the man who has doubts is condemned if he eats,**

의심하고 먹는 자는 정죄되었나니

But the man who has doubts is condemned if he eats, **because his eating is not from faith;**

의심하고 먹는 자는 정죄되었나니 이는 믿음을 따라 하지 아니하였기 때문이라

But the man who has doubts is condemned if he eats, because his eating is not from faith; **and everything that does not come from faith is sin.**

의심하고 먹는 자는 정죄되었나니 이는 믿음을 따라 하지 아니하였기 때문이라 믿음을 따라 하지 아니하는 것은 다 죄니라

But the man who has doubts is condemned if he eats, because his eating is not from faith; and everything that does not come from faith is sin.

262

---

disputable a.논쟁의 여지가 있는 | vegetables n.채소들 | sacred a.신성한 | convince vt.확신시키다 | abstain vt.삼가다 | surely ad.확실히 | knee n.무릎 | tongue n.혀 | stumbling스텀블링 a.발에 걸리는 | obstacle n.장애물 | distressed a.근심하는 | destroy vt.파괴하다 | allow vt.허락하다 | approve vt.인정하다 | mutual a.상호간의 | edification n.교화, 고양 | causes vt.–의 원인이 되다 | stumble vi.발에

걸리다 | meat n.고기 | Blessed a.복 있는

우리는 사나 죽으나 주의 것

주의 것이 된 사람들은 주의 것에 관심이 있어야 한다. 모든 구원받은 자들은 주님의 것이다. 그러니 우리는 어떤 이유에서라도 주의 소유된 형제들을 비판해서는 안 된다. 그리고 우리의 잘못된 행위로 말미암아 그들을 잃어서도 안 된다. 바울 당시에는 절기를 지키는 것이나 먹는 문제로 이방인과 유대인 사이에 갈등이 있었다. 오늘날이라면 그것이 술과 담배 같은 문제일 수도 있고 안식일이나 주일 혹 절기에 관한 것일 수가 있다. 어찌되었건 우리의 먹고 마시는 문제나 교리 때문에 하나님의 사람들을 잃어서는 안 된다. 형제를 실족케 하는 음식을 먹어서는 안 되고 날과 절기에 관한 것은 공동체가 정한대로 나아가야 할 것이다(로마서14:5).

15장

(15:1–13)

1 We who are strong ought to bear

믿음이 강한 우리는 마땅히 담당하고

We who are strong ought to bear **with the failings of the weak**

믿음이 강한 우리는 마땅히 믿음이 약한 자의 약점을 담당하고

We who are strong ought to bear with the failings of the weak **and not to please ourselves.**

믿음이 강한 우리는 마땅히 믿음이 약한 자의 약점을 담당하고 자기를 기쁘게 하지 아니할 것이라

We who are strong ought to bear with the failings of the weak and not to please ourselves.

2 **Each of us should please his neighbor**

우리 각 사람이 이웃을 기쁘게 하되

Each of us should please his neighbor **for his good, to build him up.**

우리 각 사람이 이웃을 기쁘게 하되 선을 이루고 덕을 세우도록 할지니라

264

Each of us should please his neighbor for his good, to build him up.

3 **For even Christ did not please himself but,**

그리스도께서도 자기를 기쁘게 하지 아니하셨나니

For even Christ did not please himself but, **as it is written:**

그리스도께서도 자기를 기쁘게 하지 아니하셨나니 기록된 바

For even Christ did not please himself but, as it is written: **"The insults of those who insult you have fallen on me."**

그리스도께서도 자기를 기쁘게 하지 아니하셨나니 기록된 바 주를 비방하는 자들의 비방이 내게 미쳤나이다 함과 같으니라

For even Christ did not please himself but, as it is written: "The insults of those who insult you have fallen on me."

4 **For everything that was written in the past**

무엇이든지 전에 기록된 바는

For everything that was written in the past **was written to teach us,**

무엇이든지 전에 기록된 바는 우리의 교훈을 위하여 기록된 것이니

For everything that was written in the past was written to teach us, **so that through endurance**

무엇이든지 전에 기록된 바는 우리의 교훈을 위하여 기록된 것이니 우리로 하여금 인내로

For everything that was written in the past was written to teach us, so that through endurance **and the encouragement of the Scriptures**

무엇이든지 전에 기록된 바는 우리의 교훈을 위하여 기록된 것이니 우리로 하여금 인내로 또는 성경의 위로로

For everything that was written in the past was written to teach us, so that through endurance and the encouragement of the Scriptures **we might have hope.**

무엇이든지 전에 기록된 바는 우리의 교훈을 위하여 기록된 것이니 우리로 하여금 인내로 또는 성경의 위로로 소망을 가지게 함이니라

For everything that was written in the past was written to teach us, so that through endurance and the encouragement of the Scriptures we might have hope.

5 **May the God who gives endurance and encouragement**

이제 인내와 위로의 하나님이

May the God who gives endurance and encouragement **give you a spirit of unity**

이제 인내와 위로의 하나님이 서로 뜻이 같게 하여 주사

May the God who gives endurance and encouragement give you a spirit of unity **among yourselves**

이제 인내와 위로의 하나님이 너희로 서로 뜻이 같게 하여 주사

May the God who gives endurance and encouragement give you a spirit of unity among yourselves **as you follow Christ Jesus,**

이제 인내와 위로의 하나님이 너희로 그리스도 예수를 본받아 서로 뜻이 같게 하여 주사

May the God who gives endurance and encouragement give you a spirit of unity among yourselves as you follow Christ Jesus,

6 **so that with one heart and mouth**

한마음과 한 입으로

so that with one heart and mouth **you may glorify the God**

한마음과 한 입으로 하나님 영광을 돌리게 하려 하노라

so that with one heart and mouth you may glorify the God **and Father of our Lord Jesus Christ.**

한마음과 한 입으로 하나님 곧 우리 주 예수 그리스도의 아버지께 영광을 돌리게 하려 하노라

so that with one heart and mouth you may glorify the God and Father of our Lord Jesus Christ.

7 **Accept one another, then,**

그러므로 너희도 서로 받으라

Accept one another, then, **just as Christ accepted you,**

그러므로 그리스도께서 우리(너희)를 받으심과 같이 너희도 서로 받으라

Accept one another, then, just as Christ accepted you, **in order to**

bring praise to God.

그러므로 그리스도께서 우리를 받아 하나님께 영광을 돌리심과 같이 너희도 서로 받으라

Accept one another, then, just as Christ accepted you, in order to bring praise to God.

8 **For I tell you**
내가 말하노니

For I tell you **that Christ has become a servant**
내가 말하노니 그리스도께서 추종자가 되셨으니

For I tell you that Christ has become a servant **of the Jews on behalf of God' s truth,**
내가 말하노니 그리스도께서 하나님의 진실하심을 위하여 할례의 추종자가 되셨으니

For I tell you that Christ has become a servant of the Jews on behalf of God' s truth, **to confirm the promises**
내가 말하노니 그리스도께서 하나님의 진실하심을 위하여 할례의 추종자가 되셨으니 이는 약속들을 견고하게 하시고

For I tell you that Christ has become a servant of the Jews on behalf of God' s truth, to confirm the promises **made to the patriarchs**
내가 말하노니 그리스도께서 하나님의 진실하심을 위하여 할례의 추종자가 되셨으니 이는 조상들에게 주신 약속들을 견고하게 하시고

For I tell you that Christ has become a servant of the Jews on behalf of God' s truth, to confirm the promises made to the patriarchs

9 so that the Gentiles may glorify God

이방인들도 하나님께 영광을 돌리게 하려 하심이라

so that the Gentiles may glorify God for **his mercy,**

이방인들도 그 긍휼하심으로 말미암아 하나님께 영광을 돌리게 하려 하심이라

so that the Gentiles may glorify God for his mercy, **as it is written:**

이방인들도 그 긍휼하심으로 말미암아 하나님께 영광을 돌리게 하려 하심이라 기록
된 바

so that the Gentiles may glorify God for his mercy, as it is written:
"Therefore I will praise you among the Gentiles;

이방인들도 그 긍휼하심으로 말미암아 하나님께 영광을 돌리게 하려 하심이라 기록
된 바 그러므로 내가 열방 중에서 주께 감사하고

so that the Gentiles may glorify God for his mercy, as it is written:
"Therefore I will praise you among the Gentiles; **I will sing hymns
to your name."**

이방인들도 그 긍휼하심으로 말미암아 하나님께 영광을 돌리게 하려 하심이라 기록
된 바 그러므로 내가 열방 중에서 주께 감사하고 주의 이름을 찬송하리로다 함과 같
으니라

**so that the Gentiles may glorify God for his mercy, as it is
written: "Therefore I will praise you among the Gentiles; I will
sing hymns to your name."**

10 **Again, it says,**

또 이르되

Again, it says, **"Rejoice, O Gentiles,**

또 이르되 열방들아 즐거워하라

Again, it says, "Rejoice, O Gentiles, **with his people."**

또 이르되 열방들아 주의 백성과 함께 즐거워하라 하였으며

Again, it says, "Rejoice, O Gentiles, with his people."

11 **And again, "Praise the Lord, all you Gentiles,**
또 모든 열방들아 주를 찬양하며

And again, "Praise the Lord, all you Gentiles, **and sing praises to him,**
또 모든 열방들아 주를 찬양하며 그를 찬송하라

And again, "Praise the Lord, all you Gentiles, and sing praises to him, **all you peoples."**
또 모든 열방들아 주를 찬양하며 모든 백성들아 그를 찬송하라 하였으며

And again, "Praise the Lord, all you Gentiles, and sing praises to him, all you peoples."

12 **And again, Isaiah says,**
또 이사야가 이르되

And again, Isaiah says, **"The Root of Jesse will spring up,**
또 이사야가 이르되 이새의 뿌리 있으리니

And again, Isaiah says, "The Root of Jesse will spring up, **one who will arise to rule over the nations;**
또 이사야가 이르되 이새의 뿌리 곧 열방을 다스리기 위하여 일어나시는 이가

And again, Isaiah says, "The Root of Jesse will spring up, one who will arise to rule over the nations; **the Gentiles will hope in him."**
또 이사야가 이르되 이새의 뿌리 곧 열방을 다스리기 위하여 일어나시는 이가 있으리니 열방이 그에게 소망을 두리라 하였느니라

And again, Isaiah says, "The Root of Jesse will spring up, one who will arise to rule over the nations; the Gentiles will hope in him."

13 May the God of hope fill you

소망의 하나님이 너희에게 충만하게 하사

May the God of hope fill you **with all joy and peace**

소망의 하나님이 모든 기쁨과 평강을 너희에게 충만하게 하사

May the God of hope fill you with all joy and peace **as you trust in him,**

소망의 하나님이 모든 기쁨과 평강을 믿음 안에서 너희에게 충만하게 하사

May the God of hope fill you with all joy and peace as you trust in him, **so that you may overflow with hope**

소망의 하나님이 모든 기쁨과 평강을 믿음 안에서 너희에게 충만하게 하사 소망이 넘치게 하시기를 원하노라

May the God of hope fill you with all joy and peace as you trust in him, so that you may overflow with hope **by the power of the Holy Spirit.**

소망의 하나님이 모든 기쁨과 평강을 믿음 안에서 너희에게 충만하게 하사 성령의 능력으로 소망이 넘치게 하시기를 원하노라

May the God of hope fill you with all joy and peace as you trust in him, so that you may overflow with hope by the power of the Holy Spirit.

---

insult n.비방 | past n.과거 | endurance n.인내 | encouragement n.격려 | unity n.일치 | glorify vt.영광스럽게 하다 | behalf n.이익 | patriarchs n.조상들 | hymn n.찬송 | Root n.뿌리 | Jesse n.이새 | spring vi.뛰어오르다 | fill vt.채우다 | overflow v.넘치다

14 **I myself am convinced, my brothers,**
내 형제들아 나도 확신하노라

I myself am convinced, my brothers, **that you yourselves are full of goodness,**
내 형제들아 너희가 스스로 선함이 가득하고

I myself am convinced, my brothers, that you yourselves are full of goodness, **complete in knowledge**
내 형제들아 너희가 스스로 선함이 가득하고 모든 지식이 차서

I myself am convinced, my brothers, that you yourselves are full of goodness, complete in knowledge **and competent to instruct one another.**
내 형제들아 너희가 스스로 선함이 가득하고 모든 지식이 차서 능히 서로 권하는 자 임을 나도 확신하노라

271

I myself am convinced, my brothers, that you yourselves are full of goodness, complete in knowledge and competent to instruct one another.

15 **I have written you quite boldly**
그러나 내가 담대히 너희에게 썼노니

I have written you quite boldly **on some points,**
그러나 내가 담대히 대략 너희에게 썼노니

I have written you quite boldly on some points, **as if to remind you of them again,**
그러나 내가 너희로 다시 생각나게 하려고 더욱 담대히 대략 너희에게 썼노니

I have written you quite boldly on some points, as if to remind you of them again, **because of the grace God gave me**

그러나 내가 너희로 다시 생각나게 하려고 하나님께서 내게 주신 은혜로 말미암아 더욱 담대히 대략 너희에게 썼노니

I have written you quite boldly on some points, as if to remind you of them again, because of the grace God gave me

16 **to be a minister of Christ Jesus**

그리스도 예수의 일꾼이 되어

to be a minister of Christ Jesus **to the Gentiles**

이방인을 위하여 그리스도 예수의 일꾼이 되어

to be a minister of Christ Jesus to the Gentiles **with the priestly duty of**

이방인을 위하여 그리스도 예수의 일꾼이 되어 제사장 직분을 하게 하사

to be a minister of Christ Jesus to the Gentiles with the priestly duty of **proclaiming the gospel of God,**

이 은혜는 곧 나로 이방인을 위하여 그리스도 예수의 일꾼이 되어 하나님의 복음(을 외치는)의 제사장 직분을 하게 하사

to be a minister of Christ Jesus to the Gentiles with the priestly duty of proclaiming the gospel of God, **so that the Gentiles might become an offering**

이 은혜는 곧 나로 이방인을 위하여 그리스도 예수의 일꾼이 되어 하나님의 복음의 제사장 직분을 하게 하사 이방인을 제물로 드리는 것이

to be a minister of Christ Jesus to the Gentiles with the priestly duty of proclaiming the gospel of God, so that the Gentiles might become an offering **acceptable to God,**

이 은혜는 곧 나로 이방인을 위하여 그리스도 예수의 일꾼이 되어 하나님의 복음의 제사장 직분을 하게 하사 이방인을 제물로 드리는 것이 받으실 만하게 하려 하심이라

to be a minister of Christ Jesus to the Gentiles with the priestly duty of proclaiming the gospel of God, so that the Gentiles might become an offering acceptable to God, **sanctified by the Holy Spirit.**

이 은혜는 곧 나로 이방인을 위하여 그리스도 예수의 일꾼이 되어 하나님의 복음의 제사장 직분을 하게 하사 이방인을 제물로 드리는 것이 성령 안에서 거룩하게 되어 받으실 만하게 하려 하심이라

to be a minister of Christ Jesus to the Gentiles with the priestly duty of proclaiming the gospel of God, so that the Gentiles might become an offering acceptable to God, sanctified by the Holy Spirit.

17 **Therefore I glory in Christ Jesus**
그러므로 내가 그리스도 예수 안에서 자랑하는 것이 있거니와

Therefore I glory in Christ Jesus **in my service to God.**
그러므로 내가 그리스도 예수 안에서 하나님의 일에 대하여 자랑하는 것이 있거니와

Therefore I glory in Christ Jesus in my service to God.

18 **I will not venture to speak of anything**
내가 감히 말하지 아니하노라

I will not venture to speak of anything **except what Christ has accomplished**
그리스도께서 역사하신 것 외에는 내가 감히 말하지 아니하노라

I will not venture to speak of anything except what Christ has accomplished **through me**
그리스도께서 나를 통하여 역사하신 것 외에는 내가 감히 말하지 아니하노라

I will not venture to speak of anything except what Christ has accomplished through me **in leading the Gentiles to obey God**

그리스도께서 이방인들을 순종하게 하기 위하여 나를 통하여 역사하신 것 외에는 내가 감히 말하지 아니하노라

I will not venture to speak of anything except what Christ has accomplished through me in leading the Gentiles to obey God **by what I have said and done—**

그리스도께서 이방인들을 순종하게 하기 위하여 나를 통하여 역사하신 것 외에는 내가 감히 말하지 아니하노라 그 일은 말과 행위로

I will not venture to speak of anything except what Christ has accomplished through me in leading the Gentiles to obey God by what I have said and done—

19 **by the power of signs and miracles,**

표적과 기사의 능력으로

by the power of signs and miracles, **through the power of the Spirit.**

표적과 기사의 능력으로 성령의 능력으로 이루어졌으며

by the power of signs and miracles, through the power of the Spirit. **So from Jerusalem all the way around to Illyricum,**

표적과 기사의 능력으로 성령의 능력으로 이루어졌으며 그리하여 내가 예루살렘으로부터 두루 행하여 일루리곤까지

by the power of signs and miracles, through the power of the Spirit. So from Jerusalem all the way around to Illyricum, **I have fully proclaimed the gospel of Christ.**

표적과 기사의 능력으로 성령의 능력으로 이루어졌으며 그리하여 내가 예루살렘으로부터 두루 행하여 일루리곤까지 그리스도의 복음을 편만하게 전하였노라

by the power of signs and miracles, through the power of the Spirit. So from Jerusalem all the way around to Illyricum, I have fully proclaimed the gospel of Christ.

20 **It has always been my ambition to preach the gospel**

또 내가 복음을 전하지 않기를 힘썼노니 (또 내가 복음 전하기를 힘썼노니)

It has always been my ambition to preach the gospel **where Christ was not known,**

또 내가 그리스도의 이름을 부르는 곳에는(그리스도를 모르는 곳에) 복음을 전하지 않기를 힘썼노니(또 내가 복음 전하기를 힘썼노니)

It has always been my ambition to preach the gospel where Christ was not known, **so that I would not be building**

또 내가 그리스도의 이름을 부르는 곳에는 복음을 전하지 않기를 힘썼노니 이는 건축하지 아니하려 함이라

It has always been my ambition to preach the gospel where Christ was not known, so that I would not be building **on someone else' s foundation.**

또 내가 그리스도의 이름을 부르는 곳에는 복음을 전하지 않기를 힘썼노니 이는 남의 터 위에 건축하지 아니하려 함이라

275

It has always been my ambition to preach the gospel where Christ was not known, so that I would not be building on someone else' s foundation.

21 **Rather, as it is written:**

기록된 바

Rather, as it is written: **"Those who were not told about him**

기록된 바 주의 소식을 받지 못한 자들이

Rather, as it is written: "Those who were not told about him **will see,**

기록된 바 주의 소식을 받지 못한 자들이 볼 것이요

Rather, as it is written: "Those who were not told about him will see, **and those who have not heard will understand."**

기록된 바 주의 소식을 받지 못한 자들이 볼 것이요 듣지 못한 자들이 깨달으리라 함과 같으니라.

Rather, as it is written: "Those who were not told about him will see, and those who have not heard will understand."

22 **This is why I have often been hindered**
그러므로 또한 내가 여러 번 막혔더니

This is why I have often been hindered **from coming to you.**
그러므로 또한 내가 너희에게 가려 하던 것이 여러 번 막혔더니

This is why I have often been hindered from coming to you.

276

goodness n.선량 | complete vt.완료하다 | competent a.유능한 | instruct vt.가르치다 | quite ad.아주 | boldly ad.대담하게 | points n.요점들 | priestly a.목사의 | duty n.의무 | offering n.제물 | acceptable a.받을 만한 | sanctifiy vt.깨끗하게 하다 | venture vi.과감하게 하다 | accomplish vt.수행하다 | sign n.표적 | miracles n.기적들 | Illyricum n.일루리곤 | ambition n.야망 | foundation n.터전 | hindere vt.방해하다

로마 방문을 위한 바울의 계획 (15:23-33)

23 **But now that there is no more place for me to work**
이제는 일할 곳이 없고

But now that there is no more place for me to work **in these regions,**

이제는 이 지방에 일할 곳이 없고

But now that there is no more place for me to work in these regions, **and since I have been longing for many years**

이제는 이 지방에 일할 곳이 없고 또 여러 해 전부터 언제든지 (서바나로 갈 때에) 가기를 바라고 있었으니

But now that there is no more place for me to work in these regions, and since I have been longing for many years **to see you,**

이제는 이 지방에 일할 곳이 없고 또 여러 해 전부터 언제든지 (서바나로 갈 때에) 너희에게 가기를 바라고 있었으니

But now that there is no more place for me to work in these regions, and since I have been longing for many years to see you,

24 **I plan to do so when I go to Spain.**

(서바나로 갈 때에 그렇게 하기를 계획한다)

I plan to do so when I go to Spain. **I hope to visit you while passing through**

(서바나로 갈 때에 그렇게 하기를 계획한다) 이는 지나가는 길에 너희를 보고

I plan to do so when I go to Spain. I hope to visit you while passing through **and to have you assist me on my journey there,**

이는 지나가는 길에 너희를 보고 너희가 그리로 보내주기를 바람이라

I plan to do so when I go to Spain. I hope to visit you while passing through and to have you assist me on my journey there, **after I have enjoyed your company for a while.**

이는 지나가는 길에 너희를 보고 먼저 너희와 사귐으로 얼마간 기쁨을 가진 후에 너희가 그리로 보내주기를 바람이라

I plan to do so when I go to Spain. I hope to visit you while passing through and to have you assist me on my journey there, after I have enjoyed your company for a while.

25 **Now, however, I am on my way to Jerusalem**

그러나 이제는 예루살렘에 가노니

Now, however, I am on my way to Jerusalem **in the service of the saints there.**

그러나 이제는 내가 성도를 섬기는 일로 예루살렘에 가노니

Now, however, I am on my way to Jerusalem in the service of the saints there.

26 **For Macedonia and Achaia were pleased**

이는 마게도냐와 아가야 사람들이 기쁘게

For Macedonia and Achaia were pleased **to make a contribution**

이는 마게도냐와 아가야 사람들이 기쁘게 (얼마를) 연보하였음이라

For Macedonia and Achaia were pleased to make a contribution **for the poor**

이는 마게도냐와 아가야 사람들이 가난한 자들을 위하여 기쁘게 얼마를 연보하였음이라

For Macedonia and Achaia were pleased to make a contribution for the poor **among the saints in Jerusalem.**

이는 마게도냐와 아가야 사람들이 예루살렘 성도 중 가난한 자들을 위하여 기쁘게 얼마를 연보하였음이라

For Macedonia and Achaia were pleased to make a contribution for the poor among the saints in Jerusalem.

278

27 **They were pleased to do it,**

저희가 기뻐서 하였거니와

They were pleased to do it, **and indeed they owe it to them.**

저희가 기뻐서 하였거니와 또한 저희는 그들에게 빚진 자니

They were pleased to do it, and indeed they owe it to them. **For if the Gentiles have shared**

저희가 기뻐서 하였거니와 또한 저희는 그들에게 빚진 자니 만일 이방인들이 나눠 가졌으면

They were pleased to do it, and indeed they owe it to them. For if the Gentiles have shared **in the Jews' spiritual blessings,**

저희가 기뻐서 하였거니와 또한 저희는 그들에게 빚진 자니 만일 이방인들이 그(유대인)들의 영적인 것을 나눠 가졌으면

They were pleased to do it, and indeed they owe it to them. For if the Gentiles have shared in the Jews' spiritual blessings, **they owe it to the Jews to share with them**

저희가 기뻐서 하였거니와 또한 저희는 그들에게 빚진 자니 만일 이방인들이 그들의 영적인 것을 나눠 가졌으면 그들을 섬기는 것이 마땅하니라

They were pleased to do it, and indeed they owe it to them. For if the Gentiles have shared in the Jews' spiritual blessings, they owe it to the Jews to share with them **their material blessings.**

저희가 기뻐서 하였거니와 또한 저희는 그들에게 빚진 자니 만일 이방인들이 그들의 영적인 것을 나눠 가졌으면 육적인 것으로 그들을 섬기는 것이 마땅하니라

They were pleased to do it, and indeed they owe it to them. For if the Gentiles have shared in the Jews' spiritual blessings, they owe it to the Jews to share with them their material blessings.

28 **So after I have completed this task**

그러므로 내가 이 일을 마치고

So after I have completed this task **and have made sure that they have received this fruit,**

그러므로 내가 이 일을 마치고 이 열매를 그들에게 확증한 후에

So after I have completed this task and have made sure that they have received this fruit, **I will go to Spain**

그러므로 내가 이 일을 마치고 이 열매를 그들에게 확증한 후에 서바나로 가리라

So after I have completed this task and have made sure that they have received this fruit, I will go to Spain **and visit you on the way.**

그러므로 내가 이 일을 마치고 이 열매를 그들에게 확증한 후에 너희에게 들렀다가 서바나로 가리라

So after I have completed this task and have made sure that they have received this fruit, I will go to Spain and visit you on the way.

29 **I know that when I come to you,**

내가 너희에게 나아갈 때에

I know that when I come to you, **I will come in the full measure of the blessing**

내가 너희에게 나아갈 때에 충만한 복을 가지고 갈 줄을 아노라

I know that when I come to you, I will come in the full measure of the blessing **of Christ.**

내가 너희에게 나아갈 때에 그리스도의 충만한 복을 가지고 갈 줄을 아노라

I know that when I come to you, I will come in the full measure of the blessing of Christ.

30 **I urge you, brothers, by our Lord Jesus Christ**

형제들아 내가 우리 주 예수 그리스도로 말미암아 너희를 권하노니

I urge you, brothers, by our Lord Jesus Christ **and by the love of the Spirit,**

형제들아 내가 우리 주 예수 그리스도와 성령의 사랑으로 말미암아 너희를 권하노니

I urge you, brothers, by our Lord Jesus Christ and by the love of the Spirit, **to join me in my struggle**

형제들아 내가 우리 주 예수 그리스도와 성령의 사랑으로 말미암아 너희를 권하노니 너희 기도에 나와 힘을 같이하여

I urge you, brothers, by our Lord Jesus Christ and by the love of the Spirit, to join me in my struggle **by praying to God for me.**

형제들아 내가 우리 주 예수 그리스도와 성령의 사랑으로 말미암아 너희를 권하노니 너희 기도에 나와 힘을 같이하여 나를 위하여 하나님께 빌어

I urge you, brothers, by our Lord Jesus Christ and by the love of the Spirit, to join me in my struggle by praying to God for me.

31 **Pray that I may be rescued**

나로 건짐을 받게 하고

Pray that I may be rescued **from the unbelievers in Judea**

나로 유대에서 순종하지 아니하는 자들로부터 건짐을 받게 하고

Pray that I may be rescued from the unbelievers in Judea **and that my service in Jerusalem**

나로 유대에서 순종하지 아니하는 자들로부터 건짐을 받게 하고 또 예루살렘에 대하여 내가 섬기는 일을

Pray that I may be rescued from the unbelievers in Judea and that my service in Jerusalem **may be acceptable to the saints there,**

나로 유대에서 순종하지 아니하는 자들로부터 건짐을 받게 하고 또 예루살렘에 대하여 내가 섬기는 일을 성도들이 받을 만하게 하고

Pray that I may be rescued from the unbelievers in Judea and

that my service in Jerusalem may be acceptable to the saints there,

32 **so that by God' s will**
나로 하나님의 뜻을 따라

so that by God' s will **I may come to you with joy**
나로 하나님의 뜻을 따라 기쁨으로 너희에게 나아가

so that by God' s will I may come to you with joy **and together with you be refreshed.**
나로 하나님의 뜻을 따라 기쁨으로 너희에게 나아가 너희와 함께 편히 쉬게 하라

so that by God' s will I may come to you with joy and together with you be refreshed.

282

33 **The God of peace be with you all. Amen.**
평강의 하나님께서 너희 모든 사람과 함께 계실지어다 아멘

The God of peace be with you all. Amen.

---

longing n.갈망 | assist vt.돕다 | company n.교제 | Macedonia n.마케도니아 |

Achaia n.아가야 | contribution n.헌금, 기부 | indeed a.실로 | owe vt.빚지고 있

다 | spiritual a.영적인 | material a.물질 | complete vt.완료하다 | Spain n.스페인 |

measure vt.측정하다 | struggle n.노력 | refresh vt.새롭게 하다

16 장

개인적인 문안 인사 (16:1-27)

1 **I commend to you our sister Phoebe,**
내가 우리 자매 뵈뵈를 너희에게 추천하노니

I commend to you our sister Phoebe, **a servant of the church in Cenchrea.**
내가 겐그레아 교회의 일꾼으로 있는 우리 자매 뵈뵈를 너희에게 추천하노니

I commend to you our sister Phoebe, a servant of the church in Cenchrea.

2 **I ask you to receive her in the Lord**
너희는 주 안에서 그를 영접하고

I ask you to receive her in the Lord **in a way worthy of the saints**
너희는 주 안에서 성도들의 합당한 예절로 그를 영접하고

I ask you to receive her in the Lord in a way worthy of the saints **and to give her any help**
너희는 주 안에서 성도들의 합당한 예절로 그를 영접하고 무엇이든지 도와줄지니

I ask you to receive her in the Lord in a way worthy of the saints and to give her any help **she may need from you,**
너희는 주 안에서 성도들의 합당한 예절로 그를 영접하고 무엇이든지 그에게 소용되는 바를 도와줄지니

I ask you to receive her in the Lord in a way worthy of the saints and to give her any help she may need from you, **for she has been**

a great help

너희는 주 안에서 성도들의 합당한 예절로 그를 영접하고 무엇이든지 그에게 소용되는 바를 도와줄지니 이는 그가 보호자가 되었음이라

I ask you to receive her in the Lord in a way worthy of the saints and to give her any help she may need from you, for she has been a great help **to many people, including me.**

너희는 주 안에서 성도들의 합당한 예절로 그를 영접하고 무엇이든지 그에게 소용되는 바를 도와줄지니 이는 그가 여러 사람과 나의 보호자가 되었음이라

I ask you to receive her in the Lord in a way worthy of the saints and to give her any help she may need from you, for she has been a great help to many people, including me.

3 Greet Priscilla and Aquila,

너희는 브리스가와 아굴라에게 문안하라

Greet Priscilla and Aquila, **my fellow workers in Christ Jesus.**

너희는 그리스도 예수 안에서 나의 동역자들인 브리스가와 아굴라에게 문안하라

Greet Priscilla and Aquila, my fellow workers in Christ Jesus.

4 They risked their lives for me.

그들은 내 목숨을 위하여 자기들의 목까지도 내놓았나니

They risked their lives for me. **Not only I but all the churches of the Gentiles**

그들은 내 목숨을 위하여 자기들의 목까지도 내놓았나니 나뿐 아니라 이방인의 모든 교회도

They risked their lives for me. Not only I but all the churches of the Gentiles **are grateful to them.**

그들은 내 목숨을 위하여 자기들의 목까지도 내놓았나니 나뿐 아니라 이방인의 모든

교회도 그들에게 감사하느니라

They risked their lives for me. Not only I but all the churches of the Gentiles are grateful to them.

5 **Greet also the church that meets at their house.**
또 저의 집에 있는 교회에도 문안하라

Greet also the church that meets at their house. **Greet my dear friend Epenetus,**
또 저의 집에 있는 교회에도 문안하라 내가 사랑하는 에배네도에게 문안하라

Greet also the church that meets at their house. Greet my dear friend Epenetus, **who was the first convert to Christ**
또 저의 집에 있는 교회에도 문안하라 내가 사랑하는 에배네도에게 문안하라 그는 그리스도께 처음 맺은 열매니라

Greet also the church that meets at their house. Greet my dear friend Epenetus, who was the first convert to Christ **in the province of Asia.**
또 저의 집에 있는 교회에도 문안하라 내가 사랑하는 에배네도에게 문안하라 그는 아시아에서 그리스도께 처음 맺은 열매니라

Greet also the church that meets at their house. Greet my dear friend Epenetus, who was the first convert to Christ in the province of Asia.

6 **Greet Mary,**
마리아에게 문안하라

Greet Mary, **who worked very hard for you.**
너희를 위하여 많이 수고한 마리아에게 문안하라

Greet Mary, who worked very hard for you.

7 **Greet Andronicus and Junias,**

안드로니고와 유니아에게 문안하라

Greet Andronicus and Junias, **my relatives who have been in prison with me.**

내 친척이요 나와 함께 갇혔던 안드로니고와 유니아에게 문안하라

Greet Andronicus and Junias, my relatives who have been in prison with me. **They are outstanding among the apostles,**

내 친척이요 나와 함께 갇혔던 안드로니고와 유니아에게 문안하라 그들은 사도들에게 존중히 여겨지고

Greet Andronicus and Junias, my relatives who have been in prison with me. They are outstanding among the apostles, **and they were in Christ before I was.**

내 친척이요 나와 함께 갇혔던 안드로니고와 유니아에게 문안하라 그들은 사도들에게 존중히 여겨지고 또한 나보다 먼저 그리스도 안에 있는 자라

Greet Andronicus and Junias, my relatives who have been in prison with me. They are outstanding among the apostles, and they were in Christ before I was.

8 **Greet Ampliatus, whom I love**

또 내 사랑하는 암블리아에게 문안하라

Greet Ampliatus, whom I love **in the Lord.**

또 주 안에서 내 사랑하는 암블리아에게 문안하라

Greet Ampliatus, whom I love in the Lord.

9 **Greet Urbanus, our fellow worker in Christ,**

그리스도 안에서 우리의 동역자인 우르바노에게 문안하라

Greet Urbanus, our fellow worker in Christ, **and my dear friend**

Stachys.

그리스도 안에서 우리의 동역자인 우르바노와 나의 사랑하는 스다구에게 문안하라

Greet Urbanus, our fellow worker in Christ, and my dear friend Stachys.

10 **Greet Apelles, tested and approved in Christ.**

그리스도 안에서 인정함을 받은 아벨레에게 문안하라

Greet Apelles, tested and approved in Christ. **Greet those who belong to the household of Aristobulus.**

그리스도 안에서 인정함을 받은 아벨레에게 문안하라 아리스도불로의 권속에게 문안하라

Greet Apelles, tested and approved in Christ. Greet those who belong to the household of Aristobulus.

287

11 **Greet Herodion, my relative.**

내 친척 헤로디온에게 문안하라

Greet Herodion, my relative. **Greet those in the household of Narcissus**

내 친척 헤로디온에게 문안하라 나깃수의 가족에게 문안하라

Greet Herodion, my relative. Greet those in the household of Narcissus **who are in the Lord.**

내 친척 헤로디온에게 문안하라 나깃수의 가족 중 주 안에 있는 자들에게 문안하라

Greet Herodion, my relative. Greet those in the household of Narcissus who are in the Lord.

12 **Greet Tryphena and Tryphosa,**
드루배나와 드루보사에게 문안하라

Greet Tryphena and Tryphosa, **those women who work hard in the Lord.**
주 안에서 수고한 드루배나와 드루보사에게 문안하라

Greet Tryphena and Tryphosa, those women who work hard in the Lord. **Greet my dear friend Persis,**
주 안에서 수고한 드루배나와 드루보사에게 문안하라 사랑하는 버시에게 문안하라

Greet Tryphena and Tryphosa, those women who work hard in the Lord. Greet my dear friend Persis, **another woman who has worked very hard in the Lord.**
주 안에서 수고한 드루배나와 드루보사에게 문안하라 주 안에서 많이 수고하고 사랑하는 버시에게 문안하라

Greet Tryphena and Tryphosa, those women who work hard in the Lord. Greet my dear friend Persis, another woman who has worked very hard in the Lord.

13 **Greet Rufus, chosen in the Lord,**
주 안에서 택하심을 입은 루포에게 문안하라

Greet Rufus, chosen in the Lord, **and his mother,**
주 안에서 택하심을 입은 루포와 그의 어머니에게 문안하라

Greet Rufus, chosen in the Lord, and his mother, **who has been a mother to me, too.**
주 안에서 택하심을 입은 루포와 그의 어머니에게 문안하라 그의 어머니는 곧 내 어머니라

Greet Rufus, chosen in the Lord, and his mother, who has been a mother to me, too.

14 **Greet Asyncritus, Phlegon,**

아순그리도와 블레곤에게 문안하라

Greet Asyncritus, Phlegon, **Hermes, Patrobas, Hermas**

아순그리도와 블레곤과 허메와 바드로바와 허마에게 문안하라

Greet Asyncritus, Phlegon, Hermes, Patrobas, Hermas **and the brothers with them.**

아순그리도와 블레곤과 허메와 바드로바와 허마와 및 그들과 함께 있는 형제들에게 문안하라

Greet Asyncritus, Phlegon, Hermes, Patrobas, Hermas and the brothers with them.

15 **Greet Philologus, Julia,**

빌롤로고와 율리아에게 문안하라

Greet Philologus, Julia, **Nereus and his sister, and Olympas**

빌롤로고와 율리아와 또 네레오와 그의 자매와 올름바에게 문안하라

Greet Philologus, Julia, Nereus and his sister, **and Olympas and all the saints with them.**

빌롤로고와 율리아와 또 네레오와 그의 자매와 올름바와 그들과 함께 있는 모든 성도에게 문안하라

Greet Philologus, Julia, Nereus and his sister, and Olympas and all the saints with them.

16 **Greet one another with a holy kiss.**

너희가 거룩하게 입맞춤으로 서로 문안하라

Greet one another with a holy kiss. **All the churches of Christ send greetings.**

너희가 거룩하게 입맞춤으로 서로 문안하라 그리스도의 모든 교회가 다 너희에게 문

안하느니라

**Greet one another with a holy kiss. All the churches of Christ
send greetings.**

17 I urge you, brothers,

형제들아 내가 너희를 권하노니

I urge you, brothers, **to watch out for those who cause divisions**

형제들아 내가 너희를 권하노니 분쟁을 일으키게 하는 자들을 살피고

I urge you, brothers, to watch out for those who cause divisions
and put obstacles in your way

형제들아 내가 너희를 권하노니 분쟁을 일으키거나 거치게 하는 자들을 살피고

I urge you, brothers, to watch out for those who cause divisions and
put obstacles in your way **that are contrary to the teaching**

형제들아 내가 너희를 권하노니 너희가 교훈을 거슬러 분쟁을 일으키거나 거치게 하
는 자들을 살피고

I urge you, brothers, to watch out for those who cause divisions and
put obstacles in your way that are contrary to the teaching **you
have learned.**

형제들아 내가 너희를 권하노니 너희가 배운 교훈을 거슬러 분쟁을 일으키거나 거치
게 하는 자들을 살피고

I urge you, brothers, to watch out for those who cause divisions and
put obstacles in your way that are contrary to the teaching you have
learned. **Keep away from them.**

형제들아 내가 너희를 권하노니 너희가 배운 교훈을 거슬러 분쟁을 일으키거나 거치
게 하는 자들을 살피고 그들에게서 떠나라

**I urge you, brothers, to watch out for those who cause
divisions and put obstacles in your way that are contrary to
the teaching you have learned. Keep away from them.**

18 **For such people are not serving our Lord Christ,**

이 같은 자들은 우리 주 그리스도를 섬기지 아니하고

For such people are not serving our Lord Christ, **but their own appetites.**

이 같은 자들은 우리 주 그리스도를 섬기지 아니하고 다만 자기들의 배만 섬기나니

For such people are not serving our Lord Christ, but their own appetites. **By smooth talk and flattery**

이 같은 자들은 우리 주 그리스도를 섬기지 아니하고 다만 자기들의 배만 섬기나니 교활한 말과 아첨하는 말로

For such people are not serving our Lord Christ, but their own appetites. By smooth talk and flattery **they deceive the minds of naive people.**

이 같은 자들은 우리 주 그리스도를 섬기지 아니하고 다만 자기들의 배만 섬기나니 교활한 말과 아첨하는 말로 순진한 자들의 마음을 미혹하느니라

For such people are not serving our Lord Christ, but their own appetites. By smooth talk and flattery they deceive the minds of naive people.

19 **Everyone has heard about your obedience,**

너희의 순종함이 모든 사람에게 들리는지라

Everyone has heard about your obedience, **so I am full of joy over you;**

너희의 순종함이 모든 사람에게 들리는지라 그러므로 내가 너희로 말미암아 기뻐하노니

Everyone has heard about your obedience, so I am full of joy over you; **but I want you to be wise**

너희의 순종함이 모든 사람에게 들리는지라 그러므로 내가 너희로 말미암아 기뻐하노니 너희가 지혜롭기를 원하노라

Everyone has heard about your obedience, so I am full of joy over you; but I want you to be wise **about what is good,**

너희의 순종함이 모든 사람에게 들리는지라 그러므로 내가 너희로 말미암아 기뻐하노니 너희가 선한 데 지혜롭기를 원하노라

Everyone has heard about your obedience, so I am full of joy over you; but I want you to be wise about what is good, **and innocent about what is evil.**

너희의 순종함이 모든 사람에게 들리는지라 그러므로 내가 너희로 말미암아 기뻐하노니 너희가 선한 데 지혜롭고 악한 데 미련하기를 원하노라

Everyone has heard about your obedience, so I am full of joy over you; but I want you to be wise about what is good, and innocent about what is evil.

20 **The God of peace**

평강의 하나님께서

The God of peace **will soon crush Satan under your feet.**

평강의 하나님께서 속히 사탄을 너희 발 아래에서 상하게 하시리라

The God of peace will soon crush Satan under your feet. **The grace of our Lord Jesus be with you.**

평강의 하나님께서 속히 사탄을 너희 발 아래에서 상하게 하시리라 우리 주 예수의 은혜가 너희에게 있을지어다

The God of peace will soon crush Satan under your feet. The grace of our Lord Jesus be with you.

21 **Timothy, my fellow worker,**

나의 동역자 디모데

Timothy, my fellow worker, **sends his greetings to you,**

나의 동역자 디모데가 너희에게 문안하느니라

Timothy, my fellow worker, sends his greetings to you, **as do Lucius, Jason and Sosipater, my relatives.**

나의 동역자 디모데와 나의 친척 누기오와 야손과 소시바더가 너희에게 문안하느니라

Timothy, my fellow worker, sends his greetings to you, as do Lucius, Jason and Sosipater, my relatives.

22 **I, Tertius, who wrote down this letter,**

이 편지를 기록하는 나 더디오도

I, Tertius, who wrote down this letter, **greet you in the Lord.**

이 편지를 기록하는 나 더디오도 주 안에서 너희에게 문안하노라

I, Tertius, who wrote down this letter, greet you in the Lord.

293

23 **Gaius, whose hospitality I and the whole church here enjoy,**

나와 온 교회를 돌보아 주는 가이오도

Gaius, whose hospitality I and the whole church here enjoy, **sends you his greetings.**

나와 온 교회를 돌보아 주는 가이오도 너희에게 문안하고

Gaius, whose hospitality I and the whole church here enjoy, sends you his greetings. **Erastus, who is the city's director of public works,**

나와 온 교회를 돌보아 주는 가이오도 너희에게 문안하고 이 성의 재무관 에라스도와

Gaius, whose hospitality I and the whole church here enjoy, sends you his greetings. Erastus, who is the city's director of public works, **and our brother Quartus send you their greetings.**

나와 온 교회를 돌보아 주는 가이오도 너희에게 문안하고 이 성의 재무관 에라스도와 형제 구아도도 너희에게 문안하느니라

Gaius, whose hospitality I and the whole church here enjoy, sends you his greetings. Erastus, who is the city's director of public works, and our brother Quartus send you their greetings.

24 없음

25 Now to him who is able to establish you by my gospel and the proclamation of Jesus Christ, according to the revelation of the mystery hidden for long ages past,
나의 복음과 예수 그리스도를 전파함은 영세 전부터 감추어졌다가

Now to him who is able to establish you by my gospel and the proclamation of Jesus Christ, according to the revelation of the mystery hidden for long ages past,

294

26 but now revealed
이제는 나타내신 바 되었으며

but now revealed **and made known through the prophetic writings**
이제는 나타내신 바 되었으며 선지자들의 글로 말미암아 알게 하신 바

but now revealed and made known through the prophetic writings **by the command of the eternal God,**
이제는 나타내신바 되었으며 영원하신 하나님의 명을 따라 선지자들의 글로 말미암아 알게 하신 바

but now revealed and made known through the prophetic writings by the command of the eternal God, **so that all nations might believe and obey him—**
이제는 나타내신바 되었으며 영원하신 하나님의 명을 따라 선지자들의 글로 말미암

아 모든 민족이 믿어 순종하게 하시려고 알게 하신 바 그 신비의 계시를 따라 된 것이니 이 복음으로 너희를 능히 견고하게 하실

but now revealed and made known through the prophetic writings by the command of the eternal God, so that all nations might believe and obey him—

27 to the only wise God
지혜로우신 하나님께

to the only wise God **be glory forever**
지혜로우신 하나님께 영광이 세세 무궁하도록 있을지어다

to the only wise God be glory forever **through Jesus Christ! Amen.**
지혜로우신 하나님께 예수 그리스도로 말미암아 영광이 세세 무궁하도록 있을지어다 아멘

to the only wise God be glory forever through Jesus Christ! Amen.

commend vt.추천하다 | sister n.자매 | Phoebe n.뵈베 | Cenchrea n.겐그레아 | greet vi.인사하다 | Priscilla n.브리스가(브리스길라) | Aquila n.아굴라 | fellow workers n.동역자들 | risk vi.위험을 무릅쓰다 | grateful a.고마워하는 | Epenetus n.에배네도 | province n.지방 | Mary n.마리아 | Andronicus n.안드로니고 | Junias n.유니아 | relatives n.친척들 | prison n.감옥 | outstanding a.뛰어난 | Ampliatus n.암블리아 | Urbanus n.우르바노 | Stachys n.스다구 | Apelles n.아벨레 | approve vt.인정하다 | household n.가족 | Aristobulus n.아리스도블로 | Herodion n.헤로디온 | Narcissus n.나깃수 | Tryphena n.드루배나 | Tryphosa n.드루보사 | Persis n.버시 | Rufus n.루포 | Asyncritus n.아순그리도 | Phlegon n.블레곤 | Hermes n.허메 | Patrobas n.바드로바 | Hermas n.허마 | Philologus n.빌롤로고 | Julia n.율리아 | Nereus n.네레오 | Olympas n.올름바 | division n.분리 | obstacles n.장애들 | contrary a.-에 반대되는 | appetite n.식욕 | flattery n.아첨 | naive a.순진한 | innocent a.무죄한, 순결한 | Timothy n.디모데 | Lucius n.누기오 | Jason n.야손 | Sosipater n.소시바더 | Tertius n.더디오 | hospitality n.환대 | Erastus n.에라스도 | Quartus n.구아도 | reveal vt.계시하다 | prophetic a.예언자의 | eternal a.영원한 | Amenint. n.아멘

거장을 꿈꾸며 거장을 기다리며

나는 지금 이 글을 오스트레일리아의 한 도시 골드 코스트에서 적고 있다. 지난 두 주간을 이곳에서 '마가복음 통째로 외우기' 캠프를 인도했다. 어린아이로부터 할머니 할아버지까지 함께 모여 매일 저녁 세 시간 동안을 하나님을 찬양하며 그분의 말씀을 듣고 마가복음을 통째로 외웠다.

그 집회를 인도하는 중에 나는 결코 잊지 못할 한 아이를 만났다. 열 살 나이의 어거스틴이라는 이름의 그 아이는 실리악(COELIAC disease)이라는 병을 앓고 있는 아이였다. 이 병은 '글루튼(gluten)'이 함유되어 있는 어떤 음식도 먹을 수 없는 병이다. 글루튼은 주로 밀, 호밀, 보리, 옥수수 귀리 등에 포함되어 있다. 그래서 빵이나 파스타, 피자, 웬만한 과자, 오트밀, 면종류의 식품들, 간장, 식초 등에는 다 포함되어 있으므로 거의 모든 음식을 먹어서는 안 된다. 예를 들면 밀을 먹고 자란 닭고기나 계란 등도 먹을 수 없다. 만약 그러한 음식을 섭취하게 되면 심한 복통을 일으키게 되고 소장 내벽을 파괴되기도 하며 심각한 질병을 유발케 된다. 결국 그 병은 영양실조와 함께 몸의 성장을 억제케 하며 빈혈을 가져오고 불임이나 골다공증 유발하는 등 삶의 심각한 장애를 준다.

그런데 어거스틴은 날마다 성경을 읽는 아이로 자랐다. 이번 마가복음 캠프에도 열심히 참석했고 그는 참가자 중 가장 많은 분량인 7장까지를 외웠다. 그 캠프를 마치기 3일 전 하나님은 그 아이의 병을 위해 기도할 마음을 나에게 주셨고 나는 그것을 순종했다. 그날 그 캠프에 참석한 모든 사람들이 그를 위해 기도했다. 그리고 그날 그는 그 병에서 놓임을 받았다. 공교롭게도 그 다음날이 내 생일이었는데 어거스틴은 그 사실을 어떻게 알았는지 내게 한 장의 생일 축하 카드를 건네주었다.

그것은 내 생애 가장 잊지 못할 선물이 되었다.

To 김 다윗목사님

생신을 축하 드려요. 목사님께 하나님의 사랑과 예수님의 은혜와 성령님의 도우시는 은혜가 넘치기를 기도합니다.

저는 이 세상에서 하나님을 제일 사랑하는 사람이 되겠습니다. 하나님의 말씀을 제일 사랑하는 사람, 하나님 말씀에 제일 순종 잘하는 사람, 하나님께 제일 영광 돌리는 사람, 예수님의 모습을 제일 닮은 사람이 되겠습니다. 기도해 주세요.

나의 병(Coeliac Disease)을 고쳐주신 하나님께 감사합니다.

하나님의 말씀이 얼마나 소중한지 저희들에게 전해주신 다윗 목사님! 감사합니다.

오늘, 지금까지 못 먹던 어묵도 라면도 먹었습니다.

정말 좋았어요. 목사님도 좋으시죠?

음식을 못 먹는 친구들을 위해 저는 계속 기도할 거예요.

행복하세요.

오 어거스틴 올림.

그리고 그 속엔 오스트레일리아 지폐 백 달러가 들어 있었다.

"목사님, 제가 모은 돈이에요. 저처럼 맛있는 거 사드세요.

사랑해요."라는 메모와 함께.

그는 게임기를 사기 위해 오랫동안 돈을 모아 왔는데 이제 그에게는 오락이 필요치 않게 된 것이다. 그뿐만 아니라 나의 어린 아이들을 데리고 다니며 그들에게 선물을 사주기도 했다. 자신도 열 살밖에 안 된 꼬마이면서도 말이다.

말씀을 사랑하고 하나님을 사랑하는 아이 어거스틴에게 하나님은 크신 선물을 주셨고 그와 함께 한 그곳의 모든 하나님의 사람들에게도 잊지 못할 선물을 하나님은 주셨다.

하나님께 영광을 돌린다.

그뿐만이 아니었다. 그 캠프에 참가한 많은 사람들이 말씀으로 인해 놀라운 일들을 경험했다. 수현이라는 아이는 밤마다 시달렸던 악몽에서 해방되었고 또 다른 아이들은 삶에서의 안정과 함께 학업이 쉬워졌다고 고백했다. 그뿐만 아니라 나는 다른 지역의 캠프에서도 수많은 기적들을 보고 있다.

"이 율법 책을 네 입에서 떠나지 말게 하며 그것을 주야로 묵상하고 그 가운데 기록한 대로 다 지켜 행하라 그리하면 네 길이 평탄할 것이라 네가 형통하리라(여호수아 1:8)."

우리 주님은 어제는 오늘이나 영원토록 동일하신 분이시다(히브리서 13:8).

내 주가 다스리는 날에,

그의 종 김 다윗

성경과 영어를 동시에
로마서 영어로 통째 외우기

펴낸날   초판 1쇄 2007년 12월 14일
         초판 9쇄 2019년 11월 1일

지은이   김다윗
펴낸이   심만수
펴낸곳   ㈜살림출판사
출판등록 1989년 11월 1일 제9-210호

주소   경기도 파주시 광인사길 30
전화   031-955-1350   팩스 031-624-1356
홈페이지 http://www.sallimbooks.com
이메일   book@sallimbooks.com

ISBN   978-89-522-0771-5   03230